AF350461

La humildad del corazón

Fray Cayetano María de Bérgamo

Editorial Vita Brevis

2022

EDITORIAL VITA BREVIS

LA HUMILDAD DEL CORAZÓN
Fray Cayetano María de Bérgamo

© Editorial Vita Brevis
http://www.vitabrevis.es
14, rue de Laning, 57660 Maxstadt, Francia

Primera edición: febrero de 2022
ISBN: 9798413026144
Portada: El lavatorio de pies, de Lucas Cranach el Viejo (1537)
Traducción y edición: Bruno Moreno Ramos

Prólogo del editor

La humildad del corazón es uno de los grandes clásicos de espiritualidad católica que la Iglesia guarda como un tesoro para ir enseñando a sus hijos a ser auténticos cristianos. No hay otra forma de seguir a Cristo que parecerse a Él y, para conseguirlo, la vía privilegiada es la de la humildad. En nuestro Señor podemos encontrar todas las virtudes en su grado más alto, pero la humildad es la más característica y la que, de algún modo, constituye la clave de todas las demás.

¿Quieres ir al cielo, convertirte de una vez, agradar a Dios, ser santo, vencer el pecado y derrotar al demonio, amar a Dios sobre todas las cosas y al prójimo como a ti mismo, dejar de confesarte siempre de los mismos pecados, abandonar la tibieza y permitir que el Espíritu Santo haga milagros en tu vida? Aprende a ser humilde y lo demás, por gracia de Dios, se te dará por añadidura. El corazón humilde sabe que no puede nada por sí mismo y, paradójicamente, por eso mismo lo puede todo, ya que no pone obstáculos a la gracia de Dios.

El autor de estas páginas, Fray Cayetano María de Bérgamo, un capuchino italiano nacido en el siglo XVII, fue uno de los grandes misioneros italianos de su tiempo. Lleno de celo por predicar y anunciar el Evangelio, se dio cuenta de que el mayor problema de los cristianos era la tibieza y la rutina. Comprendió que había que atacar la raíz de ese mal, que estaba y sigue estando en la falta de humildad, y escribió este libro.

Muchos buenos propósitos para mejorar en la virtud equivalen a ponerse a sanar pequeños arañazos cuando nuestra vida cristiana está agonizando por la gran herida de la soberbia, una herida que a menudo ni siquiera sabemos que tenemos. Por eso, al hilo de la Escritura y las enseñanzas de los grandes santos teólogos[1], Fray Cayetano nos va enseñando la belleza y la absoluta necesidad de la humildad. Después, poco a poco, como a niños torpes que necesitan asistencia particular del maestro, nos ayuda a ir descubriendo de forma concreta nuestro orgullo y la mejor forma de luchar contra él.

No todas las lecciones son agradables, especialmente cuando la reflexión sobre nosotros mismos hace que arruguemos la nariz al descubrir el inconfundible y desagradable olor de la soberbia en lugares insospechados de nuestra vida. A eso se suma que vivimos en una época cómoda y blandita, muy alejada de la reciedumbre de siglos pasados, de modo que algunas de las verdades que se recuerdan en este libro pueden resultar duras a oídos modernos. Son, precisamente, las verdades que más necesitamos escuchar.

La humildad del corazón es alimento sólido y sustancioso, que el autor nos va ofreciendo gradualmente, en pequeñas dosis, igual que las madres acostumbran a sus hijos a ir pasando de la leche a los alimentos sólidos. Así es también como conviene leerlo: despacio y meditando cada párrafo, sin pretender acabarlo con rapidez y de un tirón.

Con ayuda de la gracia, iremos aprendiendo a no quitarle la gloria a Dios, apropiándonos de lo que solo le corresponde a Él. De ese modo descubriremos el secreto de la humildad, que es también el secreto de la felicidad: reconocer que somos nada, pero una nada a la que Dios está deseando darle todo, si se deja.

---

[1] Para los aficionados al latín, hemos puesto a pie de página las preciosas citas originales en esa lengua, que Fray Cayetano ofrece al estilo de su tiempo, con libertad para adaptarlas y a menudo de memoria. Los demás lectores pueden prescindir tranquilamente de las notas, que no son necesarias para leer con provecho el libro.

Pensamientos y sentimientos para suscitar la humildad

1. En el paraíso hay muchos santos que nunca dieron limosna cuando aún vivían en esta tierra, a causa de su propia pobreza. Hay multitud de santos que jamás mortificaron su cuerpo con la austeridad del ayuno o los cilicios, ya que su debilidad los excusó de hacerlo. Hay muchos que no fueron vírgenes, porque así convino a su vocación. En el paraíso, sin embargo, no hay ningún santo que no haya sido humilde.

Si Dios expulsó del cielo a los ángeles soberbios, ¿vamos a pretender nosotros entrar en él careciendo de la debida humildad? Sin humildad, dice San Pedro Damián[2], ni siquiera la misma Virgen María, con su incomparable virginidad, habría podido entrar en la gloria bienaventurada de Cristo. Debemos convencernos de esta verdad: podemos salvarnos sin otras virtudes, pero no sin la humildad.

Hay algunos que consideran que han hecho bastante manteniendo intacta su castidad, y ciertamente se trata de una hermosa cualidad, pero Santo Tomás, el Doctor Angélico, enseña que la humildad es más estimable que la virginidad: "en principio, la humildad es superior a la virginidad"[3]. A menudo nos esforzamos por enmendarnos y protegernos de ciertos vicios de carácter sensual o corporal y, ciertamente, este

---

[2] Cf. San Pedro Damián, *Sermones*, 45.

[3] *Simpliciter loquendo, virginitatem humilitas excedit* (Santo Tomás de Aquino, *Comentario al libro IV de las Sentencias*, dis. 33, c.3, art. 3; cf. *Suma Teológica*, II-II, c. 161, art. 5).

combate del espíritu contra la carne[4] siempre es un digno espectáculo para Dios y para los ángeles, pero qué poco usamos esa diligencia y esa cautela contra los vicios espirituales, de los cuales el primero y el peor de todos es la soberbia, que bastó para convertir a los ángeles en demonios.

2. Jesucristo nos llama a todos a su escuela, pero no nos recomienda que aprendamos de Él a hacer milagros ni a realizar maravillosas hazañas que admiren al mundo entero, sino a ser humildes de corazón: *aprended de mí, que soy manso y humilde de corazón*[5]. No ha llamado a todos a que sean maestros, predicadores u obispos ni ha concedido a todos el poder de dar la vista a los ciegos, curar a los enfermos, resucitar a los muertos o expulsar a los demonios, pero a todos nos ha dicho que aprendamos de Él a ser humildes de corazón. A todos nos ha dado la capacidad de aprender de Él la humildad.

Son innumerables las cualidades dignas de imitación del Hijo de Dios encarnado, pero Él no nos propuso que imitáramos más que su humildad. ¿Y eso por qué? ¿Significa acaso que todos los tesoros de la divina sabiduría que estaban en Cristo se reducen a la virtud de la humildad? Así es, sin duda, responde San Agustín[6]. En la humildad está todo, porque en ella está la verdad y, por lo tanto, en ella está también Dios, que es la verdad[7].

El Salvador podría haber dicho: aprended de mí, que soy casto, prudente, justo, sabio o sobrio, entre muchas otras cosas. En cambio, solo dijo: *aprended de mí, que soy manso y humilde de corazón*. En la humildad lo incluye todo, porque, como explica

---

[4] Cf. Ga 5,17.
[5] Mt 11,29. Las citas de la Escritura, que forman el entramado de todo el libro, se escriben en cursiva y se han traducido directamente de la antigua Vulgata, que a menudo difiere bastante de las traducciones modernas.
[6] Cf. San Agustín de Hipona, *La santa virginidad*, cap. 35.
[7] Cf. Jn 14,6.

Santo Tomás, "la humildad adquirida es, en cierto modo, el mayor bien"[8]. Por lo tanto, se puede decir que quien tiene la humildad, al menos en cuanto a estar bien dispuesto a actuar con ella, lo tiene todo, y a quien le falta, le falta todo.

3. Al leer el conjunto de las obras de San Agustín, encontramos que su único propósito era ensalzar a Dios sobre la criatura todo lo posible y abajar a la criatura ante Dios todo lo posible. Esta verdad debería ser reconocida por cada mente cristiana, de modo que se forme en nosotros, según la agudeza de nuestro espíritu, un concepto sublime de Dios y un concepto ínfimo de la criatura, pero esto solo se consigue a través de la humildad.

En esencia, la humildad es una confesión de la grandeza de Dios, el cual, después de su abajamiento voluntario, fue exaltado y glorificado. Por eso dice el libro del Eclesiástico: *grande es el poder del Señor y los humildes lo honran*[9]. Dios ensalza a los humildes y derrama continuamente sobre ellos nuevas gracias por la gloria que de ellos recibe también continuamente. Así nos lo recuerda el mismo libro de la Escritura: *humíllate y encontrarás gracia delante de Dios*[10]. Cuanto más humilde es el hombre, más honra a Dios con su humildad y más glorificado es por Él, que dijo: *a quien me honre, yo también le glorificaré*[11]. ¡Ojalá pudiésemos contemplar la gran gloria que tienen los humildes en el cielo!

4. La humildad es una virtud propia de Cristo, pero no solo propia de Él como hombre, sino aún más propia de Él como Dios. En efecto, la bondad, la santidad y la misericordia de Dios no son virtudes, sino su naturaleza, mientras que la humildad sí que es una virtud. Dios no puede engrandecerse a sí mismo por

---

[8] *Humilitas acquisita est máximum bonum secundum quid* (Santo Tomás de Aquino, *Sobre la verdad*, c. 1, art. 1 y 19).
[9] Si 3,21.
[10] Si 3,20.
[11] 1R 2,30.

encima de lo que es en su grandeza infinita e inmensa, pero puede humillarse, como de hecho se anonadó y se abajo[12]. De ese modo, a través de la humildad, se nos reveló como el Señor de las virtudes, el vencedor del mundo y el triunfador sobre la muerte, el infierno y el pecado.

No puede existir una humildad mayor que la humildad del Hijo unigénito de Dios cuando *el Verbo se hizo carne*. No se puede imaginar nada más excelso que las palabras del Evangelio de San Juan: *en el principio era el Verbo*. No se puede concebir un abajamiento más profundo que las palabras del mismo evangelista: *y el Verbo se hizo carne*[13]. En la unión del Creador con la criatura, se unen lo más alto con lo más bajo. Jesucristo resumió en la humildad toda su celeste doctrina y, antes de enseñárnosla, quiso practicarla admirablemente. "No quiso enseñar nada que Él mismo no fuera", dice San Agustín, "ni mandar nada que Él mismo no practicase"[14]. ¿Con qué fin actuó así? Para que todos los cristianos aprendieran humildad siguiendo su ejemplo. Él es nuestro Maestro y nosotros somos sus discípulos, pero ¿cómo nos beneficiaremos de sus enseñanzas, que no son teóricas, sino prácticas? ¡Que vergonzoso sería que alguien, después de estudiar muchos años en una escuela de cualquier profesión o ciencia y de las lecciones de excelentes profesores, siguiera siendo un ignorante! Así me avergüenzo yo, porque, después de haber vivido tantos años en la escuela de Jesucristo, no he aprendido nada de la santa humildad que Él ha querido enseñarme. *Apiádate de mí, según tu promesa. Tú eres bueno y haces el bien, enséñame. Instrúyeme para que aprenda*[15].

---

[12] Cf. Flp 2,7-8.
[13] Jn 1,1.14.
[14] *Noluit docere quod ipse non esset. Noluit iubere, quod ipse non faceret* (San Agustín de Hipona, *La santa virginidad*, cap. 36).
[15] Cf. Sal 118,58.68.73.

5. Hay una humildad que es un consejo para mayor perfección, como la de desear y buscar los desprecios, pero hay otra humildad que es necesaria y de precepto, sin la cual, nos dice Cristo, no entraremos en el reino de los cielos[16]. Esta humildad consiste en que no me estime ni desee que los demás me estimen en más de lo que verdaderamente soy.

No se puede negar que la humildad es necesaria para todo el que quiera salvarse, ya que, como dice San Agustín, "nadie llega al reino de los cielos si no es por la humildad"[17]. Me pregunto, sin embargo, cómo es esta humildad tan necesaria en la práctica. Cuando se dice que la fe o la esperanza son necesarias, se explican también las cosas que hay que creer o esperar. Del mismo modo, si decimos que la humildad es necesaria, ¿en qué consistirá su práctica sino en tener una escasa estimación de nosotros mismos? En este sentido moral es como explican los santos padres la humildad del corazón, pero ¿de verdad puedo decir que yo poseo esta humildad necesaria? ¿Qué cuidado o empeño pongo en conquistarla? Cuando una virtud es de precepto, también lo son sus actos, como enseña Santo Tomás, y la humildad tiene esta regla relativa al conocimiento: que uno no debe tenerse en más de lo que realmente es[18]. ¿Cómo y cuándo me ejercito yo en esos actos de humildad, reconociendo mi nada delante de Dios?

Esta es la oración que San Agustín solía dirigir a Dios: "que te conozca y que me conozca"[19]. Con ella, estaba pidiendo la humildad, que no es más que el conocimiento de Dios y de uno mismo. Confesar que Dios es quien es, *el Señor grande y muy*

---

[16] Cf. Mt 18,3.

[17] *Nec ad regnum coelorum quislibet veniet, nisi per humilitatem* (San Paulino de Aquilea, *Libro de la exhortación*, cap. 32; obra atribuida antiguamente a San Agustín).

[18] *Et regulam habet in cognitione, ut scilicet aliquis non se existimet supra id esse quod est* (Santo Tomás de Aquino, *Suma Teológica*, II-II, c. 161, art. 6).

[19] *Noscam te, noscam me* (San Agustín de Hipona, *Soliloquios*, lib. 1, cap. 1).

digno de alabanza[20], es reconocer que uno no es nada en su presencia: *mis días son nada ante ti*[21]. Esto es ser humilde.

6. La ignorancia o la incapacidad no son excusas para no ser humildes, porque en nuestro mismo interior encontramos siempre razones para serlo. *Tu humillación estará dentro de ti*, nos advierte el Espíritu Santo por boca de su profeta Miqueas[22]. A mi juicio, al considerar con detenimiento lo que somos en nuestro cuerpo y en nuestra alma, resulta facilísimo humillarse y dificilísimo ensoberbecerse. Para ser humilde, basta que alimente en mí ese digno sentimiento que es propio de todos los hombres honrados del mundo y que consiste en contentarse con lo que tienen sin privar injustamente a los demás de lo que es suyo.

Al no tener nada mío más que mi propia nada, para ser humilde me basta contentarme con esa nada. En cambio, para ser soberbio necesito dedicarme a la profesión infame de ladrón, porque debo apropiarme de lo que no es mío, sino de Dios. Además, el hurto es más grave cuando le robo a Dios lo que le pertenece a Dios que si le robo al hombre lo que le pertenece al hombre. Para ser humildes, prestemos atención al Espíritu Santo, que es infalible: *vosotros sois nada y vuestras obras, vacío*[23]. ¿Pero quién está convencido de no ser nada? Por eso se dice en la sagrada Escritura que *los hombres son unos mentirosos*[24], porque no hay ninguno que, algunas veces, no se estime a sí mismo en más de lo que es, formándose la falsa opinión de que es, tiene o puede algo que no sea esa nada.

7. Para saber lo que realmente somos corporalmente, basta abrir una sepultura y concluir con certeza que eso que les ha sucedido

---

[20] Sal 47,2.
[21] Sal 38,6.
[22] Mi 6,14.
[23] Is 41,24.
[24] Sal 115,11.

a tantos cadáveres corrompidos también nos sucederá pronto a nosotros. Al reflexionar sobre ello, debo preguntarme a mí mismo: *¿por qué se enorgullece el que es tierra y ceniza?*[25]. ¡Esa es la gloria del hombre! *Su gloria consistirá en estiércol y gusanos. Hoy se encumbrará y mañana no se le encontrará: habrá vuelto al polvo y sus planes se desvanecerán*[26].

Alma mía, no necesitas ir lejos para encontrar la verdad. *Entra en tu casa*[27] con el pensamiento, en esa casa que es tu cuerpo. Entra y míralo todo bien, que no encontrarás más que barro: *métete en el lodo y písalo*[28]. Donde mires, verás rezumar la corrupción.

Para aprender también lo que somos en nuestra alma, basta que entremos en nuestra propia conciencia. Al no encontrar en ella más que nuestra malicia y la capacidad de cometer cualquier tipo de iniquidad, cada uno deberá preguntarse igualmente a sí mismo: *¿por qué te glorías de la maldad, tú que eres potente en la iniquidad?*[29]. ¿Qué tienes que sea tuyo, alma mía, para gloriarte, si estás llena de iniquidad, pecado y vicio? Toda la gloria con que yo pueda pavonearme por mis dones corporales o espirituales no es más que vanidad y engaño.

Es la pura verdad que *los hombres son unos mentirosos*, porque basta una pizca de soberbia para ser un mentiroso y no hay ninguno de nosotros que no haya heredado de nuestros primeros padres algo de esa soberbia que aprendieron al confiar en la engañosa promesa de la serpiente: *seréis como dioses*[30].

También se puede decir que los hombres son unos mentirosos en el sentido de que suelen dar más valor a la tierra que al cielo,

---

[25] Si 10,9.
[26] 1Mac 2,62-63.
[27] Ez 3,24.
[28] Na 3,14.
[29] Sal 51,3.
[30] Gn 3,5.

al cuerpo que al alma, a lo temporal que a lo eterno y a la criatura que al Creador. El propio David afirma: *hijos de los hombres, ¿hasta cuándo amaréis la vanidad y buscaréis el engaño?*[31]. *Los hijos de los hombres son mentirosos en las balanzas*[32]. De hecho, la mentira está propiamente en la soberbia, que consiste en estimarse a uno mismo en más de lo que es. Quien se tiene en más que mera nada es soberbio y también mentiroso. La explicación la da San Pablo: *si alguno se imagina ser algo no siendo nada, se engaña a sí mismo*[33]. Cada vez que me estimo y me pongo por encima de los demás, me estoy adulando y engañando, y estoy traicionando a la verdad con esa falsedad.

8. Basta que una virgen haya caído una sola vez para que deje de ser virgen y basta que una esposa haya adulterado una vez para que eso le cree una cicatriz perpetua: aunque después haga muchas obras buenísimas, el deshonor no puede cancelarse y le dejará siempre en la conciencia una penosa vergüenza por haberse portado como una prostituta o una adúltera.

Del mismo modo, aunque en toda mi vida solo hubiera cometido un pecado, siempre seguirá siendo verdad que yo pequé, que cometí el acto más vituperable e ignominioso que pueda llevarse a cabo. Aunque llevase posteriormente una vida de continua penitencia y estuviera seguro de que mi pecado había sido perdonado por la divina Majestad, e incluso si dejara de remorderme la conciencia, el hecho de haber pecado siempre será una causa de vergüenza y humillación para mí: *tengo siempre presente mi pecado; contra ti, contra ti solo pequé, cometí la maldad*[34].

9. ¿Qué diríamos si viéramos al verdugo pasearse por la plaza, exigiendo ser estimado, respetado y honrado? Consideraríamos

---

[31] Sal 4,3.

[32] Sal 61,10.

[33] Ga 6,3.

[34] Sal 50, 5-6.

su descaro insufrible, ya que su cometido es el más infame que existe. Pues bien, alma mía, cada vez que has pecado mortalmente, te has convertido en verdugo y has clavado en la cruz al Hijo de Dios encarnado. Así dice San Pablo de todos los pecadores, que *crucifican de nuevo al Hijo de Dios*[35]. Si llevas en ti esta infamia, ¿te atreves a pensar siquiera en recibir honores y estima? ¿De verdad dejarás que salgan de tu boca exigencias de ser respetado y tratado con justicia?

Por mucho que la soberbia me incite a presumir, siempre tengo razones para humillarme, ruborizarme y avergonzarme al escuchar la voz de la conciencia que me reprocha mi ignominia y mis pecados, y no cesa de reprenderme por ser un pérfido ingrato y rebelde contra Dios, un traidor y un verdugo que ha cooperado con la pasión y muerte de Jesucristo. *Tengo siempre delante mi deshonra y la vergüenza me cubre la cara al oír insultos e injurias*[36].

10. Una de las razones más importantes por las que no vivimos humildemente como deberíamos es que carecemos del temor de la justicia de Dios. Mirad la humildad con que se comporta un malhechor ante el juez: la mirada en el suelo, el rostro pálido y la cabeza inclinada. Sabe que ha sido declarado culpable de terribles delitos, por los que ha merecido la pena capital y una justa condena a la horca. Lo sabe y siente temor, un temor que le mantiene humilde y expulsa de su mente cualquier atisbo de ambición o vanagloria. De igual manera, el alma, consciente de los muchos pecados que ha cometido, de haber merecido muchas veces el infierno y de que la justicia divina podría condenarla, teme la ira divina y ese temor hace que se comporte humildemente ante Dios. Si no muestra esta humildad, se debe a que le falta el temor: *no tiene el temor de Dios ante sus ojos*[37]. Dile

---

[35] Heb 6,6.
[36] Sal 43,16-17.
[37] Sal 35,2.

al Señor: *atraviesa mi carne con tu temor*[38]. Así, el santo temor que es el principio de la sabiduría será también el principio de la verdadera humildad, ya que, como dice la Escritura, la humildad y la sabiduría son compañeras inseparables: *donde hay humildad, allí está la sabiduría*[39].

11. No hay nadie, por santo e inocente que sea, que no pueda considerarse el mayor pecador del mundo. Basta que sepa que es un hombre para que reconozca que podría hacer todo el mal que es capaz de llevar a cabo un hombre. Mi naturaleza humana caída lleva consigo la inclinación al mal y, en lo que a mí respecta, soy perfectamente capaz de cometer todo tipo de pecados. Si no los cometo es por la misericordia particular de Dios que me preserva y me sostiene.

Que un árbol torcido e inclinado por su propio peso no se caiga solo puede deberse a la fuerza del apoyo que lo sostiene. Del mismo modo, que yo no caiga en todo tipo de miserias no debe atribuirse a mi propia virtud, sino únicamente a la virtud de la divina gracia, que por su misericordia me sostiene. ¿Cómo puedo, pues, considerar que soy mejor que otros, si todos somos iguales en cuanto a la debilidad humana? *¿Cuál es mi fuerza?*[40]. Soy un hijo de Adán como cualquier otro ser humano, nacido en pecado, inclinado al pecado y siempre dispuesto a caer en él. No necesito que el demonio me tiente para inducirme a pecar, porque mi propia concupiscencia basta y sobra para tentarme y, si Dios apartase la protección y el auxilio de su mano, estoy convencido de que me despeñaría sin ningún freno por el precipicio, yendo de mal en peor.

Cuando San Agustín hacía examen de conciencia, si no encontraba en sí mismo nada que suscitara el dolor de los pecados y el arrepentimiento, pensaba en los pecados que

---

[38] Sal 118,120.
[39] Pr 11,2.
[40] Job 6,11.

habría podido cometer o que habría cometido si no le hubiese librado de ello la misericordia de Dios y se lamentaba, se acusaba y pedía perdón, humillado ante la divina Majestad por la malicia de su capacidad de cometer todo tipo de maldades y perversidades. Esta práctica es un ejercicio de la verdadera humildad.

12. A menudo ha sucedido que algunos que eran mejores que otros han terminado por caer vergonzosamente y, después de haber obrado virtuosamente durante mucho tiempo y haber mostrado así las maravillas que puede hacer el hombre con la ayuda de la gracia de Dios, han sufrido enormes y terribles caídas y han manifestado con ellas la gran iniquidad de la que es capaz un hombre abandonado a sí mismo y dejado a la debilidad de su propia libertad.

Dios mostró su omnipotencia creadora al hacerme de la nada y darme la naturaleza humana. Si apartase de mí su omnipotencia preservadora, de inmediato volvería a la nada, mostrando así de lo que soy capaz por mí mismo. En el orden de la gracia, esa nada a la que volvería por mí mismo es el pecado. Cuántas veces *me he quedado en nada y no he sabido nada*[41]. ¿Qué puedo encontrar en esa nada que sea motivo para enorgullecerme?

Dame la gracia, Dios mío, de conocerme bien, pero solo lo necesario para ser humilde, porque, si entendiera del todo la insignificancia de mi propio ser y la magnitud de mi malicia, que es capaz de ofenderte de mil maneras, temo que me horrorizaría y casi me desesperaría.

13. Tenemos en nosotros la experiencia y el sentimiento de la inmensa fragilidad de nuestra naturaleza caída, tan inclinada al mal. Un día acudimos a confesar algunos de nuestros defectos, proponiéndonos no recaer en ellos y, el día siguiente, a pesar de todo, volvemos a caer en esos mismos defectos. En un instante

---

[41] Sal 72,21.

nos proponemos adquirir una virtud y, poco después, hacemos todo lo contrario y caemos en el vicio. Cuando hacemos estos propósitos de enmienda, nos figuramos que nuestra voluntad es estable y sólida, pero pronto nos damos cuenta de su debilidad e inconstancia, al comportarnos como si nunca hubiésemos pensado en enmendar nuestros actos.

Nuestro corazón es una caña hueca que se doblega ante cualquier viento, una barquilla movida por cada ola. Basta una ocasión, el movimiento de una pasión o el susurro de una tentación para que la voluntad ceda ante el mal, aunque, en los momentos de fervor, nos parezca que está firmemente fundamentada en el bien. Esta es una razón bien fuerte para que nos humillemos y no presumamos que podemos nada por nosotros mismos, sino que pidamos continuamente al Señor que se digne confirmar en nuestro corazón lo que Él mismo va haciendo con su gracia: *confirma, Señor, lo que has obrado en nosotros*[42].

14. Algunos maestros espirituales enseñan que es necesario apartar nuestros pensamientos de algunas acciones heroicas en las que nuestra debilidad nos hace dudar de que podamos salir victoriosos. Por ejemplo: si vinieran los turcos y me diesen a elegir entre renunciar a la fe y que me cortaran la cabeza, ¿qué haría? Si me ofendieran públicamente de forma grave, ¿respondería con paciencia o con resentimiento? No, nos enseñan los maestros, no hay que entretenerse con esas fantasías, porque la debilidad puede hacernos sucumbir ante la idea de sufrir una prueba como esas. Sin embargo, si surgieran en nosotros esos pensamientos, se pueden aprovechar para bien, utilizando nuestra misma debilidad para ejercitar la humildad.

Cuando aparezcan en nuestra mente ideas de ese tipo, será conveniente que digamos: sé lo que debería hacer en esas

---

[42] Sal 67,29.

circunstancias, pero no lo que haría, porque conozco bien por experiencia que *mi fuerza se debilita en la miseria*[43] y he experimentado en diversas ocasiones que mi mente se ciega, mi juicio se debilita y mi voluntad se desvía fácilmente. Señor mío, podré hacerlo todo si me conforta tu ayuda, pero sin ella no puedo ni podré hacer nada. Sin tu ayuda, cuando sea el momento de confesar mi fe en ti, lo que haré será negarte; cuando deba honrarte con mi paciencia, en lugar de ello me vengaré; y cuando tenga que obedecerte, te ofenderé: *mi fuerte refugio, cuando me van faltando las fuerzas no me abandones*[44]. Verdadera es tu palabra, Dios mío: *sin mí no podéis hacer nada*[45]. Sin ti no solo no podré realizar ningún acto de virtud que sea meritorio, sino que no podré hacer nada, como enseña San Agustín: "ya sea poco o mucho, es imposible hacerlo sin Aquel sin el cual no se puede hacer nada"[46].

15. Un gran santo pedía a Dios la humildad de esta bellísima manera: Señor, decía, ni siquiera sé lo que es la humildad, solo sé que no la tengo y que no puedo conseguirla por mí mismo y que, si no la tengo, no me salvaré. Por lo tanto, no puedo hacer más que pedírtela, pero dame la gracia de pedírtela como conviene.

Tú me has prometido, Dios mío, concederme todo lo que te pida que sea necesario para mi salvación eterna y, como la humildad es absolutamente necesaria, la fe me enseña que me la concederás si sé cómo pedírtela. Aquí está el problema: que yo no sé pedírtela como se debe. Enséñame y ayúdame a hacerlo, para que pueda rogarte como quieres que te ruegue, de esa forma eficaz que hará que mi plegaria sea escuchada.

---

[43] Sal 30,11.

[44] Sal 70,7.9.

[45] Jn 15,5.

[46] *Sive parum, sive multum, sine illo fieri non potest sine quo nihil fieri potest* (San Agustín de Hipona, *Tratados sobre el Evangelio de San Juan*, 31).

Me mandas que sea humilde y estoy dispuesto a obedecer. Haz con tu gracia que yo sea como Tú quieres que sea. Deseo y anhelo ser humilde y sé que este amor por la humildad y este deseo de ser humilde viene de ti, que lo suscitas en mi corazón con tu santísima gracia. Ten también la bondad de concederme aquello que me has hecho amar y desear. Quiero esperarlo y lo espero. *Dame fortaleza, Dios de Israel, para que, según tu promesa, pueda hacer esto que confié en poder hacer con tu ayuda*[47].

16. Uno puede estar convencido de que tiene diversas virtudes por una prueba sensible y verdadera que encuentre en sí mismo. Por ejemplo, puede considerar que es casto al descubrir en su interior un amor eficaz a la castidad y puede juzgar que es sobrio porque de hecho actúa con templanza u obediente por su obediencia real y rápida. En cambio, por mucho que uno se ejercite en la humildad, no puede juzgar que es humilde, porque el que cree que es humilde ya ha dejado de serlo.

De la misma forma que se empieza a ser humilde reconociendo la propia soberbia, se comienza a ser soberbio congratulándose por ser humilde y, de este modo, cuanto más humildes nos consideramos, más soberbios somos. Esa autocomplacencia que uno siente en el corazón al creer que es humilde después de reflexionar con satisfacción sobre sí mismo, en realidad es vanidad. ¿Y cómo va a subsistir la humildad, que solo se fundamenta en la verdad, ante esta vanidad? Toda vanidad es una mentira y la soberbia se construye sobre las mentiras.

Roguemos al Señor con el profeta: *Aparta mis ojos de la vanidad*[48]. *Que no me pisotee el pie de la soberbia*[49]. Haz, Dios mío, que yo sea humilde, pero que no sepa que lo soy. Hazme santo, pero sin que yo sepa que lo soy, porque si llego a saberlo o incluso a

---

47 Jdt 13,7.
48 Sal 118,37.
49 Sal 35,12.

imaginármelo, enseguida me envaneceré y, en mi vanidad, ya no tendré ni humildad ni santidad.

17. Lo que hemos dicho puede suscitar una duda angustiosa para algunos, que dirán: si debo considerar que me falta humildad, entonces también debo concluir que me voy a condenar y eso me llevaría a la desesperación. ¿No ves el engaño? Si discurrieras con sabiduría, dirías: sé que me falta humildad, de manera que debo intentar obtenerla; sin humildad me condenaré, de manera que, para estar entre los elegidos, debo ser humilde.

Habría razón para desesperarse si la humildad fuese necesaria para salvarse y, a la vez, fuera imposible obtenerla. Sin embargo, nada nos es más natural que la humildad, porque nuestra propia miseria nos lleva hacia ella. No hay nada más fácil: basta abrir los ojos y conocerse a uno mismo. No es una virtud que tengamos que buscar lejos de nosotros, sino que podemos hallarla siempre en nuestro interior, donde encontramos una infinidad de motivos para ser humildes.

Aun así, debemos trabajar mientras vivamos para conseguir la humildad y no imaginar nunca que ya la tenemos. Incluso aunque hayamos logrado algo de humildad, debemos seguir trabajando para conseguirla como si no la tuviéramos, de modo que podamos conservarla. Tengamos verdaderos deseos de ser humildes, no cesemos de rogar al Señor que nos de la gracia de ser humildes, apliquémonos a estudiar los motivos que pueden ayudarnos a ser humildes de corazón y no dudemos de la bondad divina, como se aconseja en el libro de la Sabiduría: *pensad bien del Señor*[50].

18. Aunque sintamos vivamente la humillación cuando somos injuriados, perseguidos o calumniados, eso no significa que no podamos sufrir esa humillación con sentimientos de verdadera

---

[50] Sb 1,1.

humildad, sometiendo la naturaleza a la razón y a la fe y sacrificando los resentimientos del amor propio al amor de Dios. No estamos hechos de piedra y no necesitamos ser insensibles o insensatos para ser humildes.

Leemos que algunos mártires se retorcían en sus tormentos, mientras que otros se alegraban más o menos, según la mayor o menor unción que recibían del Espíritu Santo, pero todos fueron recompensados con la corona de la gloria. Esto se debe a que no son la pena ni el sentimiento los que hacen el mártir, sino la virtud sobrenatural. De forma similar, hay personas humildes que se complacen en las humillaciones y hay otras que sienten tristeza, en especial al ser calumniadas. Todas ellas son humildes, porque lo que hace humilde al alma no es la humillación y el mero sufrimiento que esta produce, sino el acto interno con el que se aprueba y se acepta esa humillación por humildad cristiana y en particular por asemejarse lo más posible a Jesucristo, que, mereciendo todos los honores del mundo, soportó los más humillantes desprecios para gloria del Padre eterno. *Por ti he aguantado afrentas*[51].

Conviene recordar lo que enseña San Bernardo: una cosa es ser humillado y otra ser humilde. Muchas veces ocurre que el soberbio es humillado, pero sigue siendo soberbio, recibe la humillación con despecho y con rabia y hace todo lo posible por rechazarla de forma impaciente y apasionada. También sucede en ocasiones que el soberbio, al ser humillado, se vuelve humilde, porque la humillación le sirve para conocerse a sí mismo y, gracias a ese conocimiento, llega a amar la misma humillación. "Es humilde quien convierte la humillación en humildad y dice a Dios: ha sido bueno que me humillaras"[52]

---

[51] Sal 68,8.

[52] *Est autem humilis qui humiliationem convertit in humilitatem et dicit Deo: Bonum mihi quia humiliasti me* (San Bernardo de Claraval, *Sermones sobre el Cantar de los Cantares*, 34).

19. En la vida del espíritu no puedo estar seguro de nada sin la ayuda particular de Dios. Es ciertísimo lo que dice el Espíritu Santo: *solo en mí está tu auxilio*[53]. En cualquier momento puedo caer en el pecado mortal. Incluso después de haber trabajado muchos años para adquirir las virtudes, puedo perder en un instante todo el bien que he hecho, perder el mérito de la eternidad y perder la misma eternidad bienaventurada.

¿Cómo puede reinar con arrogancia un rey asediado por sus enemigos, que cada día está expuesto a perder todo su reino y dejar de ser rey? Del mismo modo, un santo que puede perder en cualquier momento la gracia de Dios y el reino de los cielos, merecido a través de las laboriosas virtudes de tantos años, tiene en su propia debilidad una poderosa razón para mantenerse siempre en una gran humildad, porque *si el Señor no construye la casa, en vano se cansan los albañiles*[54].

Sean cuales sean sus dones espirituales, nadie puede considerar que está a salvo. No estaban a salvo los ángeles, a pesar de su santidad, en el paraíso celeste. No estaba a salvo tampoco el hombre en el paraíso terrestre, aunque gozaba del don de la inocencia. ¿Cómo podemos considerarnos a salvo nosotros, con nuestra naturaleza caída, entre tantos peligros y enemigos que, dentro y fuera de nosotros, no dejan de tramar estratagemas contra nuestra salvación eterna?

Para condenarme, basta que deje rienda suelta a mi naturaleza caída, mientras que, para salvarme, necesito la gracia de Dios, que me proteja, me acompañe, me urja, me ayude, me cuide y no me abandone. Cuánta razón tenía San Pablo cuando nos exhortaba a trabajar *con temor y temblor*[55] por nuestra salvación, de la que depende toda una eternidad.

---

[53] Os 13,9.
[54] Sal 126,1.
[55] Flp 2,12.

20. Vivir contento y satisfecho de uno mismo por el poco bien que pueda hacer en una vida tranquila y apacible no es buena señal. Después de haber cumplido todo lo que uno debe hacer como cristiano, quiere nuestro Señor que nos consideremos siervos inútiles en su Iglesia. *Cuando hayáis hecho todo lo mandado, decid: somos siervos inútiles, hemos hecho lo que teníamos que hacer*[56]. Cuánto más inútiles debemos considerarnos nosotros, que vivimos en la tibieza y la pereza, lejos de aquella perfección que estamos obligados a buscar.

Al hacer mi examen de conciencia, me pregunto: ¿he cumplido todos mis deberes ante Dios? ¿Qué virtud he adquirido hasta ahora? Se puede decir que alguien ha adquirido el buen hábito de una virtud cualquiera cuando ha conseguido ejercitarla con facilidad y de buena gana, pero, cuando examino mi propia conciencia, ¿qué virtudes son esas que estoy acostumbrado a practicar con alegría y de buena gana? No encuentro ni siquiera una. En esta tierra soy un siervo completamente inútil y, si compareciese ahora ante el tribunal del Juez eterno, me temo que sería llamado *siervo malo*[57] y no *siervo bueno*[58].

21. Del mismo modo que, en el país de los ciegos, basta un ojo para que piensen que tienes buena vista y, entre una multitud de ignorantes, al que sabe alguna cosa se le considera un maestro, en un mundo malicioso y vicioso es suficiente con no estar tan cautivo como los demás para que uno se congratule de ser bueno. *No soy como los demás hombres*[59]. Así se congratulaba el fariseo en el templo.

Para conocernos como realmente somos, no debemos compararnos con los demás, sino con Jesucristo, que es el modelo de todos los que están predestinados a la gloria. *Fíjate,*

---

[56] Lc 17,10.
[57] Mt 18,32.
[58] Mt 25,21.
[59] Lc 18,11.

nos dice San Pablo a cada uno de nosotros, repitiendo lo que se le dijo a Moisés, *fíjate e imita el modelo que se te enseñó en el monte*[60]. ¿En qué se parece mi vida a la vida del Hijo de Dios hecho hombre, que vino a enseñarme el camino del paraíso con su ejemplo? Alma mía, sube al monte Calvario y fíjate atentamente en el Crucificado. Eso es lo que cada uno debe imitar en sus propias circunstancias para salvarse, pues ha mandado el Padre eterno que los predestinados sean *a imagen de su Hijo*[61]. ¿Puedo decir con verdad y en conciencia que yo imito a Cristo? Examinémonos: ¿en qué le imito? ¡Qué diferente soy de Él y cuántas razones encuentro en ese examen para humillarme!

Si me comparo con pecadores, puedo creer que soy un santo, pero, si me comparo con Jesucristo, que es a quien debo imitar, me doy cuenta de que soy un desgraciado y merezco el infierno. Solo puedo consolarme con la confianza en la misericordia divina: Señor, Tú eres mi protector, ten misericordia de mí.

22. Lee las vidas de los santos y considera a cuáles de ellas se parece tu vida y qué tipo de santidad posees. Si murieras en este instante, ¿a qué parte del Paraíso crees que irías? ¿Quizá al lugar donde están los inocentes? No es inocente quien ha cometido un solo pecado mortal. ¿Es que conservas en el alma la inocencia bautismal? Entonces, ¿quizá te reunirías con los penitentes? En ese caso, ¿dónde está tu penitencia, cuando, más que buscar mortificar tus pasiones, tratas de complacerte en todo? ¿Te parece que tienes méritos para ser contado entre los mártires? Y si es así, ¿dónde está, no diré ya el derramamiento de sangre, pero al menos la paciencia para sufrir las pequeñas contrariedades de esta pobre vida? ¿Crees que puedes llegar a formar parte del grupo de las vírgenes? ¿Es que tienes pureza de cuerpo y de mente?

---

[60] Ex 25,40; Heb 2,1.
[61] Rm 8,29.

San Antonio abad, después de haberse esforzado durante muchos años por alcanzar la santidad imitando las virtudes de los monjes más ilustres del desierto, encontró poderosos motivos para humillarse al pensar en San Pablo de la Tebaida, el primer ermitaño, y le pareció que, en comparación con él, no tenía nada de religioso. Compárate tú también con los santos, alma mía. *Recuerda las gestas que llevaron a cabo nuestros padres en sus tiempos*[62] y encontrarás innumerables ocasiones de humillarte al darte cuenta de lo lejos que estás de la santidad. Aunque digas que no haces nada malo, para salvarse no basta con no hacer el mal, sino que también hay que hacer el bien: *apártate del mal y haz el bien*[63]. No basta no ser pecador, hay que ser santo: *buscad la santidad, sin la cual nadie verá al Señor*[64].

23. Examina las virtudes que crees poseer. ¿Piensas que tienes prudencia, templanza, fortaleza, justicia, pobreza de espíritu, modestia, humildad, castidad, caridad, obediencia y tantas otras virtudes que pueden ser necesarias o convenientes y adecuadas para tu condición? Si solo tienes algunas, ¿en qué grado las tienes?

Diré más: examínate primero a ti mismo. ¿De verdad tienes esta virtud que crees poseer? Es decir, ¿se trata de una auténtica virtud o más bien de una simple disposición natural de tu carácter, ya sea melancólico, sanguíneo o flemático? Y, aunque fuera una auténtica virtud, ¿es una virtud cristiana o puramente humana? Un acto de virtud que no se lleve a cabo por motivos sobrenaturales no sirve para alcanzar la salvación eterna. Por otro lado, al practicar la virtud, ¿acompañas los actos externos de actos internos y religiosos del corazón?

Me temo que, en mí, las virtudes cristianas no son más que bellas apariencias y nada más. Me merezco el reproche de la

---

[62] 1Mac 2,51.
[63] Sal 36,27.
[64] Heb 12,14.

Palabra de Dios: *dices: 'Soy rico, me he enriquecido y no tengo necesidad de nada'; y no sabes que eres un desgraciado, digno de lástima, pobre, ciego y desnudo*[65]. Me conviene escuchar a San Agustín que enseña que es mejor pensar en las virtudes que me faltan, en lugar de fijarme en aquellas que poseo: "más me humillaré por lo que me falta de lo que me enorgulleceré por lo que tengo"[66].

24. Para que un acto de virtud sea verdaderamente virtuoso, debe serlo en todas sus partes, porque, si es defectuoso en una de ellas, queda viciado. Basta una intención mala o de vanidad al comienzo de la obra virtuosa, durante ella o al final de ella para que la obra se corrompa y se vicie. Es suficiente que falte la humildad para que la virtud no sea humilde y, por lo tanto, no sea virtud, sino fomento de una soberbia mortal.

A los que tienen vida espiritual les sucede con frecuencia que, cuanto más se centran en las virtudes, más se están complaciendo sin saberlo en sí mismos y, como dice San Agustín, es fácil que esa autocomplacencia no resulte agradable a Dios. "Cuanto más tiene en qué complacerse, más temo que, complaciéndose a sí mismo, desagrade a Aquel que resiste a los soberbios"[67].

Al examinar nuestra vida espiritual y nuestra inocencia con estas reflexiones, nos damos cuenta de lo pobrecillos que somos en realidad. Quiera Dios que no seamos también nosotros como esos que duermen y sueñan con poseer grandes riquezas, pero, al despertarse en el momento de la muerte, encuentran que son mendigos: *durmieron su sueño y los ricos no encontraron nada en*

---

[65] Ap 3,17.

[66] *Ero humilior ex eo quod deest quam elatior ex eo quod adest* (San Agustín de Hipona, *Comentarios a los Salmos*, 38).

[67] *Quo magis inest unde sibi placeat, eo magis vereor ne, sibi placendo, illi displiceat, qui resistit superbis* (San Agustín de Hipona, *Liber de sancta virginitate*, 34). Referencia a una cita de la Carta de Santiago: "Dios resiste a los soberbios y da su gracia a los humildes" (St 4,6).

sus manos[68]. Quiera Dios que el orgullo por nuestras virtudes no se convierta así en la causa de nuestra condenación. "Que no sea causa de condenación lo que se consideraba un avance de la virtud", como decía San Gregorio[69].

25. La humildad es como la pureza y, a poco que se contamine, se convierte en impura. La pureza no solo se corrompe con las acciones impuras, sino también con las palabras y los pensamientos deshonestos. Del mismo modo, la humildad es delicadísima y se ve fácilmente arruinada por el deseo de alabanzas, por una palabra o un pensamiento de orgullo, por vanagloria o por vana complacencia en el amor propio.

Quien ama de verdad la pureza no solo se esfuerza por ahuyentar todos los pensamientos impuros con rapidez, sino también con aborrecimiento y aversión. De forma similar, quien ama verdaderamente la humildad, en lugar de complacerse en las alabanzas y los honores, se siente incómodo al recibirlos y, en lugar de huir de las humillaciones, las abraza.

¡Cuántas razones encuentro para humillarme al comprobar que no tengo ningún amor a la humildad! ¿Y qué consecuencias tiene esa falta de amor? No se estima la virtud que no se ama y uno no siente urgencia en conseguir lo que no estima ni ama. ¡Ay de mí si ese es mi caso!

No tengo amor ni estima por la humildad porque no soy consciente de lo preciosa que es esta virtud en sí misma ni de lo mucho que la necesito. Dios mío, pronuncia sobre mí aquellas palabras omnipotentes, *que sea la luz*[70], y yo recibiré tu luz y conoceré esa virtud tan importante que quieres que yo ame. Con tu ayuda, la amaré celosamente, porque tendré luz para conocerla.

---

[68] Sal 75,6.
[69] *Et non sit causa damnationis quod profectus putatur esse virtutis* (San Gregorio Magno, *Tratados morales sobre el libro de Job*, lib. 5, cap. 6).
[70] Gn 1,3.

26. Conviene hacer este ofrecimiento y este ruego al Señor cada mañana: Dios mío, te ofrezco todos mis pensamientos, mis palabras y mis obras de este día. Haz que sean pensamientos de humildad, palabras de humildad y obras de humildad para tu gloria.

Asimismo, durante el día, conviene repetir esta jaculatoria: Señor Jesús, concédeme un corazón contrito y humillado[71]. Estas breves palabras contienen todo lo que podemos pedirle a Dios, porque, al suplicarle que nos dé un corazón contrito, le estamos pidiendo todo lo necesario para sanar nuestra vida pasada y, al pedir un corazón humillado, todo lo que necesitamos para obtener la vida futura. ¡Ah, si pudiera llegar a la muerte con un corazón contrito y humillado! Con qué confianza en la misericordia de Dios diría, como el rey David, *un corazón contrito y humillado tú no lo desprecias, Señor[72]*.

En ocasiones, cuando algunos rezan, Dios podría responderles con justicia: *no sabéis lo que pedís*. Cuando pedimos la santa humildad, sin embargo, sabemos con seguridad que es algo especialmente agradable a Dios y necesario para nosotros. Por lo tanto, al pedirla, creemos que Dios cumplirá su palabra infalible: *pedid y se os dará[73]*.

27. Al examinar las veces que hemos caído en la tentación, ya se trate de pecados veniales o graves, siempre descubriremos que la causa es alguna soberbia oculta. Por eso dice el Espíritu Santo: *la soberbia es el principio de todos los pecados[74]*.

El mismo Señor Jesucristo nos advierte de esta verdad en su Evangelio, cuando dice: *el que se enaltezca será humillado[75]*. Dios no puede dar a un alma una humillación mayor que dejar que

---

[71] *Domine Iesu, da mihi cor contritum et humiliatum.*
[72] Sal 50,19.
[73] Mt 7,7.
[74] Si 10,15.
[75] Mt 23,12.

caiga en pecado, porque el pecado es lo más hondo de la degradación, la infamia y la ignominia.

Así pues, cada vez que quedamos humillados al caer en pecado, sabemos que antes nos hemos enaltecido con algún acto de soberbia, porque la pena de esta humillación solo corresponde a quien se ha enaltecido. Como dice la Escritura del rey Ezequías, *después de haberse enaltecido en su corazón, se humilló*[76]. También lo afirma el Libro de los Proverbios: *antes de que le llegue la ruina, el corazón del hombre se engríe*[77]. Nunca se ha dado ni se dará ni puede darse el caso, dice San Agustín, de que alguien peque sin soberbia: "ningún pecado pudo nunca existir ni puede existir ni podrá existir en el futuro sin soberbia"[78]. Por lo tanto, seamos humildes para no merecer el castigo de esa humillación. No puede caer quien ya está en el suelo y tampoco se puede pecar mientras se permanece en la humildad. ¡Dios mío, Dios mío, haz que permanezca en mi nada, que es el lugar más seguro para mí!

28. Podemos leer sobre la vida de muchas personas que, después de haber llegado a ser ilustres por su santidad mediante la oración, la penitencia y grandes virtudes, después de haber sido favorecidas por Dios con dones como el éxtasis, las revelaciones y los milagros, han caído en feo pecado de la impureza, como consecuencia de una ligera tentación. Y, si lo pensamos, no hay ningún pecado que degrade tanto al alma como el pecado de impureza, porque que el alma pase de ser

---

[76] 2Cro 32,26.

[77] Pr 18,12.

[78] *Nullum peccatum esse potuit aut potest aut poterit sine superbia* (San Paulino de Aquilea, *Libro de la exhortación*, cap. 19). Este libro se atribuyó antiguamente a San Agustín, que expresó en sus libros la misma idea. Por ejemplo, *vitiorum namque omnium humanorum causa superbia est*, "la causa de todos los vicios humanos es la soberbia" (San Agustín de Hipona, *Consecuencias y perdón de los pecados y el bautismo de los niños*, lib. 2, cap. 17)

racional, espiritual y semejante a los ángeles a convertirse de algún modo en carnal, animal y semejante a las bestias *que son irracionales*[79]. Debemos adorar con temor los elevados designios de Dios y tener la precaución de aprender que solo la soberbia causó unas caídas tan grandes, de manera que cada uno de los que cayeron podría afirmar, con el profeta, *fui enaltecido y ahora estoy humillado y abatido*[80]. Después de que el diablo pensara *en su corazón, me elevaré sobre las alturas de las nubes y me asemejaré al Altísimo*, se le respondió algo que podría decírsele a cada uno de los que cayeron: *¡cómo has caído de los cielos, Lucifer!*[81].

El alma queda humillada según la medida en que ha querido ensalzarse y muy grande tiene que haber sido la soberbia que fue seguida de una humillación tan enorme y abominable. ¡Un solo grado de humildad es mucho más precioso que mil revelaciones o mil éxtasis! ¿De qué sirven, pregunta San Agustín, una pureza, una castidad y una virginidad invioladas, si la soberbia esclaviza el corazón? "¿En qué le beneficia a alguien la continencia si está dominado por la soberbia?"[82].

Con sabiduría y justicia, Dios permite que el soberbio caiga en los demás pecados y, en particular, en el de la lujuria, que es el más degradante, para que, después de haber caído, se avergüence, se humille y corrija su soberbia. Bien dijo Santo Tomás que, "quien está oprimido por la soberbia y no lo sabe, cae en la lujuria de la carne, que es obviamente algo degradante, de modo que, humillado por ello, salga de su vergüenza"[83]. Con

---

[79] Sal 31,9.

[80] Sal 87,16.

[81] Is 14,12.14.

[82] *Quid prodest cui inest continentia, si dominatur superbia?* (San Agustín de Hipona, *Sermones*, 354).

[83] *Qui detinetur superbia et non sentit, labitur in carnis luxuriam, ut per hanc humiliatus, a confusione exurgat* (Santo Tomás de Aquino, *Suma Teológica*, II-II, c. 162, art. 6). Santo Tomás está citando aquí las *Sentencias* de San Isidoro de Sevilla.

esto, sigue diciendo el santo, queda de manifiesto la gravedad de la soberbia, ya que, igual que el médico permite que el enfermo sufra un mal menor para liberarlo de otro mayor, también Dios permite que el alma caiga en los pecados sensuales para que se sane del vicio de la soberbia.

Aunque alguien haya llegado al culmen de la santidad más sublime, debe siempre tener cuidado de no caer. Como dice San Agustín, no hay santidad que no pueda perderse a través de la soberbia: "si poseéis la santidad, tened cuidado no sea que la perdáis. ¿Cómo? Por la soberbia"[84].

29. Si nuestro amor propio cristiano desea evitar el remordimiento y el arrepentimiento que procede de la humillación causada por el pecado, también debemos desear y procurar ser humildes, porque, si somos humildes, no seremos humillados.

Debemos decirnos a nosotros mismos: alma mía, mírate y permanece en la humildad, si no quieres que Dios te humille con humillaciones temporales o eternas. Dios promete enaltecer a los humildes y el paraíso está repleto de ellos. Del mismo modo, Dios amenaza con la humillación a los soberbios y el infierno está repleto de ellos. Dios promete y amenaza para que, si no queremos mantenernos en la humildad movidos por sus promesas soberanas, al menos permanezcamos en la humildad por el temor de esas graves advertencias: *el que se humille será enaltecido y el que se enaltezca será humillado*[85].

Dios contempla con agrado las plegarias de los humildes y se inclina a escucharlas. *El Señor atiende las súplicas de los humildes y no desprecia sus peticiones*[86]. En cambio, por mucho que el soberbio le invoque, Dios no acudirá a consolarlo, afirma San

---

[84] *Si est in vobis sanctitas, timete ne perdatis eam. Unde? Per superbiam* (San Agustín de Hipona, *Sermones*, 354).
[85] Mt 23,12.
[86] Sal 101,18.

Agustín: "Dios no quiere venir cuando le llamas, porque te enalteces"[87]. Todo esto ya lo sabemos, pero precisamente porque lo sabemos y no lo practicamos, nos merecemos el reproche que hizo el profeta Daniel a Baltasar: *tú no has humillado tu corazón, a pesar de que sabías todo esto*[88].

30. En ocasiones, somos escrupulosos por cosas que no son necesarias y apenas tienen importancia para nuestra salvación eterna, como por ejemplo haber omitido un día una oración que solemos rezar o un sacrificio que acostumbramos a hacer. En cambio, casi no nos preocupamos de la humildad, sin la cual nadie puede salvarse y que es esencial y necesaria para nosotros

San Pablo nos advierte: *no seáis como niños en cuanto al juicio*[89]. No hagáis como los chiquillos, que lloran y se desesperan si les quitan una manzana, pero no se preocupan cuando pierden una gema de gran valor. Pensemos ante todo en la humildad, porque ella es el tesoro escondido en el campo y para adquirirlo merece la pena vender todo lo que uno posee[90]. Es la perla preciosa y conviene gastar todo lo que se tiene para comprarla[91]. No llamemos escrúpulos a las faltas que se cometen contra la humildad, sino considerémoslas verdaderos pecados, dignos de confesión y de enmienda.

¡Dios nos guarde de tener una conciencia demasiado relajada en materias que atentan contra la humildad que el Evangelio nos manda tener! Eso sería como andar por ese camino ancho de los malvados del que habla el Espíritu Santo en la Escritura, que parece un camino bueno y recto, pero lleva directamente a la

---

[87] *Deus venire non vult invocatus, si tu fueris elatus* (San Agustín de Hipona, *Comentarios a los Salmos*, 74).
[88] Dn 5,22.
[89] 1Co 14,20.
[90] Cf. Mt 13,44.
[91] Cf. Mt 13,25.

condenación: *hay caminos que al hombre le parecen rectos, pero al final conducen a la muerte*[92].

Hay personas que, al estilo de los fariseos, consideran que la virtud y la santidad consisten en oraciones un poco más largas, visitas a las iglesias y abstinencias particulares, algo de pudor, modestia en el vestir, retiros espirituales y ejercicios de piedad exterior. Sin embargo, ¿quién piensa en la humildad? ¿Quién la estima, la estudia y se aplica para obtenerla? Y sin ella, ¿qué será todo eso sino una mera ilusión?

31. Leemos que varios filósofos antiguos soportaron calumnias, injurias y desprecios con una gran ecuanimidad, sin alterarse ni turbarse en absoluto, pero ellos no conocían tampoco el nombre de la humildad y aquella valiente constancia no era más que un efecto de su sutil soberbia. Con arrogancia, se consideraban superiores a los reyes y emperadores y así no hacían caso de las injurias y las aceptaban con calma, porque miraban con desprecio a todos aquellos que los injuriaban. Sofocaban los resentimientos de una pasión con los sentimientos de otra aún más dominante y, si eran modestos, pacíficos y mansos, se debía a la soberbia, que imperaba despóticamente en los sentimientos de sus corazones.

Hay un gran abismo entre la moral de la filosofía humana y la moral evangélica de Jesucristo. Leed con atención a Séneca, renombrado entre los filósofos por su excelencia moral, y veréis cómo, con las mismas máximas con las que enseña la magnanimidad y la fortaleza, va introduciendo también la soberbia. Leed las obras más famosas de los estoicos y encontraréis, como decía San Jerónimo, que "cuando se les estudia cuidadosamente, no se encuentra en ellos la plenitud de la verdad ni la satisfacción de la justicia"[93]. Todo es vanidad, que únicamente inspira más vanidad.

---

[92] Pr 16,25.

[93] *Ubi cum summo studio fuerint ac labore perlecta, nulla ibi saturitas*

Solo en el Evangelio de Jesucristo se enseña la humildad del corazón, que es la auténtica virtud y que consiste en el conocimiento de la grandeza de Dios y de nuestra propia nada. Procurando esta sabia humildad se cumple el precepto de San Pablo: *no saber más que lo que conviene, sino saber con sobriedad*[94].

Jesucristo, antes de enseñar ninguna otra cosa sobre su nueva ley, quiso enseñar la humildad, como observa San Juan Crisóstomo: "al comenzar a enseñar la ley divina, empezó por la humildad"[95]. Sin humildad no se puede entender nada de esta doctrina celeste, pero con la humildad se comprende todo lo necesario o útil para la salvación.

32. Confesar nuestra indignidad y nuestra nada y proclamar que todo lo bueno que tenemos lo hemos recibido de Dios a menudo puede ser solo un ejercicio estéril de una humildad demasiado mezquina e incluso puede ser también una "gran soberbia"[96], como afirmó Santo Tomás citando a San Agustín. La auténtica virtud de la humildad siempre da fruto en las buenas obras.

¿Quieres hacerte una idea de cómo es la auténtica virtud de la humildad? El alma es verdaderamente humilde cuando reconoce que su ser en el orden de la naturaleza, de la sociedad y de la gracia depende del poder, la providencia y la misericordia de Dios, de manera que no encuentre en sí misma más que lo que proviene de Dios y no se apropie de ninguna cosa, sino que, permaneciendo en su propia nada, se ponga al nivel de las demás criaturas, sin alzarse sobre ninguna de ellas. Se hace nada delante de Dios, pero no de forma pasiva, sino

---

veritatis, nulla refectio iustitiae reperitur (San Jerónimo, carta 146).

[94] Rm 12,3.

[95] *Incipiens divinas leges, ab humilitate incipit* (San Juan Crisóstomo, *Sermones sobre el Evangelio de San Mateo*, 39, citado en la *Catena Aurea* de Santo Tomás de Aquino).

[96] *Magna superbia* (Santo Tomás de Aquino, *Suma Teológica*, II-II, c. 161, art.1).

aplicándose continuamente a glorificar a Dios, obedeciendo siempre su ley y sometiéndose por completo a su voluntad.

La verdadera humildad tiene dos ojos. Con uno, reconocemos nuestra propia miseria, para no atribuirnos a nosotros mismos más que nuestra nada; con el otro, reconocemos nuestro deber de trabajar y que Dios lo es todo, refiriéndolo todo a Él: *no a nosotros, Señor, no a nosotros, sino a tu nombre da la gloria*[97]. Quien es verdaderamente humilde considera que todo lo bueno que hay en su cuerpo y en su alma se asemeja a los arroyos, cuya agua procede del mar y al final volverá al mar. Por eso, siempre está atento a devolver a Dios todo lo que ha recibido de Él y solo pide, ama y desea que su nombre sea glorificado en todo: *santificado sea tu nombre*[98].

33. La humildad no es una virtud débil, tímida y perezosa, como algunos la pintan, sino fuerte, magnánima, generosa y constante, porque está cimentada en la verdad y la justicia. La verdad consiste en conocer quién es Dios y quiénes somos nosotros. La justicia radica en reconocer que Dios, como creador nuestro, tiene derecho a gobernarnos y nosotros, como sus criaturas, tenemos el deber de obedecerle.

Todos los mártires mostraron una humildad perfecta, porque prefirieron morir sufriendo los tormentos más atroces que abandonar la verdad y la justicia. ¡Qué audacia y qué valentía tuvieron al resistir a todos los que querían forzarlos a renunciar a Jesucristo!

Contrariar a otros es un efecto de la soberbia cuando se les rechaza por deseo de hacer nuestra propia voluntad errónea e injusta. En cambio, cuando se resiste a las criaturas para hacer la voluntad del Creador, ese rechazo proviene de la humildad, ya

---

[97] Sal 113,1.
[98] Mt 6,9.

que con él se confiesa la obligación esencial que tenemos de someternos a la voluntad divina y obedecerla.

A esto se debe que el soberbio siempre sea un cobarde, porque su orgullo solo se apoya en la debilidad de la naturaleza, mientras que el humilde siempre es valeroso al poner en práctica su sometimiento a la divina majestad, ya que recibe sus fuerzas de la gracia.

El humilde obedece a los hombres cuando, al hacerlo, está obedeciendo a Dios, pero también sabe resistirse a los hombres cuando no puede obedecerlos sin desobedecer a su Dios. Pensemos en la respuesta tan modesta como magnánima que San Pedro y San Juan dieron a los magistrados de Jerusalén: *juzgad si es justo ante Dios obedeceros a vosotros y no a Dios*[99].

El humilde está por encima de todos los respetos humanos y no hay peligro de que se haga esclavo de las opiniones, las modas o las costumbres del mundo. Conoce su propia debilidad y sabe que es capaz de caer en cualquier pecado, aunque de hecho no lo haga. Si ve a otros que hacen el mal, los compadece, pero no se escandaliza ni sigue su mal ejemplo, porque los ojos de su intención están puestos en Dios, de manera que no tiene otro deseo que complacer únicamente a Dios y solo Él le importa: "solamente está afianzado en Dios"[100], como tan bien dice Santo Tomás, el Doctor Angélico, "de ahí que, aunque vea que los demás hablan o actúan desordenadamente, él no abandona su rectitud".

34. El corazón del soberbio es como un mar borrascoso, siempre inquieto: *como el mar agitado, que no puede estar en calma*[101]. El corazón del humilde, en cambio, está contentísimo en su

---

[99] Hch 4,19.
[100] *Soli Deo inhaerent […] Unde quantumcumque videant alios inordinate se habere dictis vel factis, ipsi a sua rectitudine non recedunt* (Santo Tomás de Aquino, *Suma Teológica*, II-II, c. 43, art. 5).
[101] Is 57,20.

humildad, es *rico en su abajamiento*[102], siempre se encuentra en calma y tranquilo, sin temor a que haya nada en el mundo que pueda turbarlo, y *descansa confiadamente*[103]. ¿De dónde proviene esta diferencia? El humilde disfruta de la calma y la tranquilidad porque vive en el orden de la verdad y de la justicia, ya que su voluntad está sometida en todo a la voluntad de Dios. El soberbio, por su parte, siempre está agitado por las perturbaciones a causa de la contradicción que conlleva el oponerse a la voluntad de Dios para hacer la propia.

Es ciertísimo que, cuanto más amor propio hay en el corazón, también hay en él más inquietud y angustia. Cuando uno se siente agitado, alterado, angustiado e inquieto interiormente por alguna adversidad a la que se enfrenta, no tiene que buscar la razón de ello en otro lugar que no sea en sí mismo y siempre le convendrá decir esto: si realmente fuera humilde, no me encontraría así de inquieto. Esta inquietud mía es una demostración evidente de que mi amor propio es grande y arrogante, y me domina. Ese es el verdugo que me atormenta y no me deja estar en paz.

Si me siento abatido por esa palabra hiriente que me han dirigido o por algún insulto que he recibido, ¿de dónde proviene ese abatimiento mío? Solo de mi soberbia. Si yo tuviera auténtica humildad, ¡de qué tranquilidad, paz y felicidad disfrutaría mi alma! Es infalible la promesa de Jesucristo: *aprended de mí, que soy manso y humilde de corazón, y encontraréis descanso para vuestras almas*[104].

Cuando estamos inquietos por alguna adversidad, no necesitamos buscar a alguien que nos consuele, nos adule o nos compadezca ni con quien podamos desahogarnos. Basta preguntar a nuestra alma: *¿por qué estás triste, alma mía? ¿Por qué*

---

[102] St 1,10.
[103] Is 14,30.
[104] Mt 11,29.

te me turbas?[105]. ¿Qué es lo que tienes, alma mía? ¿Qué buscas? ¿Acaso anhelas esa paz que has perdido? Escucha el remedio que te prescribe tu Salvador, exhortándote a aprender de Él para que adquieras humildad: *aprended de mí, que soy manso y humilde de corazón*. Escucha también lo que añade, asegurándote que a través de la humildad volverás a encontrar la paz: *y encontraréis descanso para vuestras almas.*

35. Hay dos tipos de humillaciones: las que nosotros mismos nos buscamos y las que sufrimos como consecuencia de las vicisitudes de la naturaleza o de la convivencia en este mundo. Con las primeras, que se abrazan voluntariamente, debemos tener cuidado, porque pueden esconder una secreta vanidad del amor propio, que es capaz de buscar sutilmente la estimación de los demás cuando parece que va buscando el desprecio. En cambio, las otras humillaciones, que suceden contra nuestra voluntad y mortifican nuestra razón, nuestras pasiones o nuestros sentidos, si se aceptan con pronta resignación a la voluntad de Dios, son un claro signo de humildad auténtica, porque esas humillaciones mortifican nuestro amor propio y perfeccionan la obediencia que le debemos a Dios.

Las humillaciones voluntarias que nosotros mismos buscamos o inventamos pueden hacer que el alma caiga en la hipocresía. Las involuntarias, preparadas por la divina providencia y soportadas por nosotros con paciencia, santifican el alma. Por eso el Espíritu Santo nos ofrece este consejo importantísimo: *sé paciente en la humillación, porque el oro se purifica en el fuego y los hombres aceptables a Dios en el horno de la humillación*[106].

Excepto en casos muy contados, es imposible no percibir la hipocresía de la humildad fingida: *toca los montes y echarán humo*[107]. Del mismo modo, es imposible no reconocer la virtud de la

---

[105] Sal 41,12.
[106] Si 2,4-5.
[107] Sal 143,5.

auténtica humildad, porque su espíritu es *humano, bondadoso, firme, resuelto, seguro y contiene toda virtud*[108].

36. Asimismo, hay dos tipos de tentaciones: las que provienen de la maldad del demonio y las que nosotros mismos nos buscamos por debilidad o malicia. Contra cualquiera de las dos, no hay mejor remedio que la humildad. La humildad ahuyenta al demonio, que es incapaz de mantenerse firme frente al humilde, porque él es un soberbio. Además, hace que cualquier tentación se desvanezca rápidamente, ya que no puede haber tentación que no esté mezclada con algo de soberbia.

Ya vengan tentaciones contra la pureza, contra la fe o contra cualquier otra virtud, para superarlas todas basta humillarse así de corazón: Señor, me merezco estas terribles tentaciones como castigo de mi soberbia y, si no me socorres, caeré en ellas. Conozco mi debilidad y sé que no sirvo para nada. Ayúdame, ayúdame. *Dios mío, ven en mi auxilio. Señor, date prisa en socorrerme*[109].

Cuanto más se humilla el alma ante Dios, más la consuela Él con su gracia y, mientras Dios esté con ella, ¿quién podrá vencerla? *El Señor es la defensa de mi vida, ¿quién me hará temblar?*[110], dijo el rey David. *Si Dios está con nosotros, ¿quién estará contra nosotros?*[111], exclamó San Pablo.

El ardid más poderoso que utiliza el demonio para hacernos caer en la tentación es el de engañar a la humildad para que no produzca actos humildes, porque, una vez que el maligno consigue meternos en la cabeza que por nosotros mismos somos capaces de vencer la tentación, ya hemos sido derrotados. Así lo permite el Señor, que *humilla a los que presumen de sí mismos y se glorían de su propia virtud*[112].

---

[108] Sb 7,23.
[109] Sal 69,2.
[110] Sal 26,1.
[111] Rm 8,31.

La caridad no se enfría ni el fervor se vuelve tibio a no ser que falte la humildad. Estemos alerta, revestidos de la armadura de la humildad, y eso será suficiente. En la medida en que seamos humildes, Dios nos ayudará y, con su ayuda, podremos decir: *todo lo puedo en aquel que me conforta*[113].

37. En cuanto a las otras tentaciones que nosotros mismos nos buscamos al meternos en ocasiones de pecado, en ellas siempre hay presunción. Quien tiene humildad conoce su propia debilidad y, conociéndola, teme meterse en el peligro y, porque teme, huye de él. El humilde confía en la divina gracia, que vendrá a ayudarle en las ocasiones involuntarias que se puedan presentar, pero no tiene la presunción de esperar ese auxilio de la gracia en las ocasiones de pecado que él mismo se ha buscado voluntariamente.

Seamos humildes y la humildad nos enseñará a temer y esquivar todas las ocasiones peligrosas de pecado. Leemos en la vida de los santos que, con gran cautela, evitaban la excesiva familiaridad con las mujeres y lo mismo las santas, que huían de una excesiva familiaridad con los hombres. ¿Por qué esa precaución, si ya tenían la protección de tantas penitencias y oraciones? Por ser humildes, desconfiaban de la debilidad de la naturaleza y no exigían con presunción la ayuda de la gracia, de modo que la humildad era el medio que empleaban para custodiar sin mancha la pureza.

Dices que puedes meterte en ocasiones de pecado y que de todas formas no tienes miedo porque no pecarás. "Esto es temeridad, que proviene de la soberbia"[114], dice Santo Tomás, y el resultado será que quedarás avergonzado por caer repentinamente en el pecado. *El que ama el pecado, perece en él*[115].

Quien actúa con esa presunción caerá y su caída será un justo castigo a su soberbia, como predijo el profeta: *esto le sucederá por su soberbia*[116].

38. Dios rechaza a los soberbios, porque los soberbios le rechazan a Él, pero otorga generosamente sus gracias a los humildes, porque los humildes viven sujetos a su voluntad. Si dejáramos actuar con humildad a la generosidad de Dios, qué sobreabundancia de gracias recibiría nuestra alma.

La falta de humildad hará que el día del juicio sea terrible para nosotros, porque tendremos que dar cuentas al Juez eterno no solo de las gracias recibidas y desaprovechadas, sino también de las gracias que Dios nos habría dado si hubiésemos sido humildes, pero que no nos dio por nuestra soberbia.

De nada servirá la excusa de que caímos en tal pecado o tal otro porque nos faltó la gracia. Yo quería concederla, nos dirá el Señor, pero había que pedirla con humildad, no resistirla con la soberbia. Más fuerte que una coraza de bronce es el obstáculo que la soberbia pone a la gracia y que impide que llegue con sus dones hasta el alma. "Por eso", nos enseña Santo Tomás, es decir, precisamente por la soberbia, el alma se encuentra en tal estado que "queda privada de los bienes interiores"[117]. ¿Deseas la gracia en este mundo y la gloria en el otro? Humíllate, dice Santiago: *humillaos ante el Señor y Él os ensalzará*[118]. Dios, que creó todo lo que vemos en nuestro mundo de la nada cuando *la tierra era nada y vacío*[119] y llenó de aceite todas aquellas *vasijas vacías, que no eran pocas*[120] y que la viuda presentó a Eliseo, colma también con su gracia los corazones que se vacían de sí mismos

---

[115] Si 3,27.

[116] Cf. So 2,10.

[117] *Per hoc quod privatur interioribus bonis* (Santo Tomás de Aquino, *Suma Teológica*, II-II, c. 132, art. 3).

[118] St 4,1.

[119] Gn 1,2.

[120] 2R 4,3.

y no se estiman a sí mismos ni confían en sí mismos ni se fían ni presumen de sí mismos.

39. Resulta humillante pensar que, aunque una persona no haya cometido pecados graves, puede ser tan culpable, por algún desorden interno y secreto, como si los hubiera cometido. En efecto, basta que la soberbia surja en su corazón y esa persona se crea mejor que los que sí han cometido esos pecados para que, a los ojos de Dios, sea culpable y aún peor, porque, como dice el Espíritu Santo, *odiosa es para el Señor la soberbia*[121].

En su Evangelio, San Lucas nos habla de dos tipos de vanidad que mostró el fariseo[122]: una cuando se alabó a sí mismo por los pecados que no había cometido y otra cuando se alabó a sí mismo por las virtudes que practicaba. Fue igualmente condenado por una y otra vanagloria. Parecía que le estaba dando gloria en todo a Dios con agradecimiento, al decir *te doy gracias, Dios mío*, pero en realidad actuaba con la ostentación de la propia estima.

Es facilísimo que estas vanaglorias se deslicen hasta el interior de nuestro corazón. ¿Quién puede asegurarme que no soy culpable de muchas de ellas? Con más razón que San Gregorio puedo decir: "veo lo que he hecho, pero lo que me movió interiormente no puedo verlo"[123].

¡Dios mío, Dios mío, *que no me domine la injusticia*[124]! No permitas que me domine la soberbia, que es la suma de todas las injusticias. *Límpiame de lo que se me oculta*[125]. Purifícame de los pecados de soberbia que yo mismo no conozco y así *no tendré mancha*[126]. Este pensamiento, afirma Santo Tomás, hace que el

---

[121] Qo 10,7.
[122] Cf. Lc 18,11.
[123] *Quae aperte egerim video, quid in his latenter pertulerim, ignoro* (San Gregorio Magno, *Tratados morales sobre el libro de Job*, cap. 9, 17).
[124] Sal 118,133.
[125] Sal 18,13.

hombre justo se considere, con razón, peor que un gran pecador: "el justo, que es verdaderamente humilde, se considera peor, porque teme que, cuando parece estar actuando bien, en realidad esté pecando más gravemente de soberbia"[127].

40. Se puede decir que la humildad es un remedio eficacísimo para todos nuestros males y un antídoto potentísimo para preservar al alma de la culpa y la muerte eterna, pero a menudo lo olvidamos.

Dios mismo desea tu salvación, alma mía, y desea también que consigas esa salvación a través de la humildad, porque *la humildad precede a la gloria*[128]. Inclina la cabeza y adora su voluntad soberana.

Al decir la oración del padrenuestro, reflexionemos sobre la petición en la que pedimos que se haga la voluntad de Dios y apliquemos esta oración a lo que necesitamos: sí, Dios mío, ya que quieres que sea humilde, *hágase tu voluntad*. En el cielo cumplen tu voluntad todos los espíritus bienaventurados que te adoran con profunda humildad. Que también la cumpla yo y se haga así *tu voluntad en la tierra como en el cielo*.

Apliquemos también la última petición, *líbranos del mal*, pidiendo al Señor que nos libre y proteja de la soberbia, que es el peor de todos los males y puede considerarse el mayor de los pecados. San Agustín se preguntó cuál era ese pecado del que tan ardientemente quería verse libre el rey David cuando dijo *y quedaré limpio del mayor pecado*[129], y respondió diciendo que se trataba de la soberbia, sin duda el mayor de todos los pecados,

---

[126] Sal 18,14.

[127] *Iustus, qui est vere humilis, reputat se deteriorem, quia timet ne in his quae bene agere videtur, per superbiam gravius delinquat* (Santo Tomás de Aquino, *Suma Teológica*, suplemento de la III parte, c. 6, art. 4).

[128] Pr 15,33.

[129] Sal 18,14.

porque es la cabeza de todos ellos, su causa y su origen: "pienso que es la soberbia, cabeza y causa de todos los pecados"[130].

41. Conviene decir que una de las razones más importantes de nuestra falta de humildad es que nos olvidamos demasiado fácilmente de los pecados que hemos cometido. Solo pensamos en ellos cuando hacemos examen de conciencia para confesarnos y únicamente para distinguir el tipo de pecado y su número y asegurarnos así de que la confesión sea válida. En cambio, casi no nos paramos a pensar en su gravedad, su enormidad y su malicia. Y cuando nos detenemos a pensarlo un poco, solo con el fin de convencernos de que tenemos suficiente dolor de los pecados para confesarnos válidamente, lo llamativo es que, apenas ha terminado la confesión, ya se ha desvanecido en nosotros el recuerdo de todos los pecados y quien ha sido un gran pecador vive con tanta tranquilidad como si siempre hubiera llevado una vida inocente. ¡Qué triste!

De las ofensas que nosotros recibimos de otros nos acordamos siempre muy bien y así alimentamos el rencor. En cambio, no recordamos nuestras ofensas contra Dios nuestro Señor, a pesar de que ese recuerdo nos haría más humildes y aumentaría nuestro arrepentimiento. ¿Cómo vamos a ser humildes, si arrojamos al olvido los motivos más contundentes para que crezca nuestra humildad?

Recordemos nuestros pecados, no para darles vueltas de forma escrupulosa y con angustia, sino para vivir en la humildad debida. Por esta misma razón dice Jeremías que no se hace penitencia ni tampoco se practica la humildad, porque *no hay nadie que diga: ¿qué he hecho?*[131]. Si pensásemos de verdad en lo que hemos hecho, en los pecados que hemos cometido y en nuestras ofensas contra Dios, a buen seguro nuestro corazón

---

[130] *Hoc arbitror esse superbiam, quae caput et causa omnium delictorum est* (San Agustín de Hipona, *Comentarios a los Salmos*, 18).
[131] Cf. Jr 8,6.

estaría profundamente contrito y humillado, pero se piensa poco en esto.

A veces deberíamos clamar a los cielos para que se asombrasen de lo que hacemos: *pasmaos, cielos, de ello*[132]. Si un caballero es ofendido gravemente en público por un villano, se considera que la ofensa es grande y no resulta fácil compensarla, a pesar de que se trata tan solo de un hombre ofendido por otro hombre, un gusano ofendido por otro gusano y una nada ofendida por otra nada. En cambio, que ese gusano y esa nada ofenda a la divina majestad no le preocupa a nadie. *Pasmaos, cielos*, y nosotros, al menos, avergoncémonos y humillémonos ante esta estupidez nuestra tan insensata.

42. Hay dos virtudes principales que quiso enseñarnos y recomendarnos con todas sus fuerzas el Hijo de Dios: la humildad y la caridad fraterna. No es extraño, pues, que el demonio tome las armas para combatir precisamente estas dos virtudes. Es suficiente, sin embargo, que logre vencer a la humildad para que la caridad quede también vencida en el mismo instante, porque, como dice San Agustín, "no se llega a la caridad más que a través de la humildad"[133].

La soberbia siempre se siente fácilmente ofendida y, cuando uno está dispuesto a ofenderse por cualquier cosa, ¿cómo puede mantenerse la caridad? Cuando dos personas se enfadan a la mínima de cambio y es difícil reconciliarlas, no nos equivocaremos al atribuirlo a la soberbia de ambas. Esto nos indica que la caridad no puede existir donde no hay humildad.

Por esta razón, San Pablo, después de haber exhortado a los cristianos a mantener la caridad fraterna, les recomienda enseguida que sean humildes, pidiéndoles que actúen *con*

---

[132] Jr 2,12.

[133] *Non pervenitur ad caritatem, nisi per humilitatem* (San Agustín de Hipona, *Comentarios a los Salmos*, 130; *Sermones*, 10).

humildad, considerando cada uno superiores a los demás[134], porque sabe que la caridad fraterna no puede durar en los que no tienen humildad. En efecto, donde hay soberbia, siempre surgen riñas, peleas y disputas: *entre los soberbios, siempre hay disputas*[135].

Escuchemos la advertencia del Apóstol y no echemos la culpa a la soberbia de los demás cuando nos ofenden, sino a nosotros mismos, que no sabemos soportar esas ofensas con humildad. Comencemos a tener en nosotros esa humildad paciente que tanto deseamos ver en los demás y recordemos que no nos salvaremos por la humildad o la paciencia de los demás, sino por las nuestras.

43. Es difícil ser rico o instruido y a la vez humilde, porque lo que tenemos o sabemos se convierte fácilmente en una causa de vanidad. Resulta preferible tener menos o saber menos y ser humilde que poseer grandes riquezas o grandes conocimientos y ser soberbio.

No obstante, en el cielo hay muchos santos que fueron ricos y muchos santos que fueron doctos, pero son santos porque también fueron humildes. Tanto la riqueza como la sabiduría deben considerarse vanidades y no deben estimarse excepto en cuanto nos sirvan para alcanzar la felicidad eterna. Así lo hace el auténtico humilde, que no se estima a sí mismo por sus riquezas ni por su ciencia, sino que las tiene en nada, porque igualmente se tiene a sí mismo en nada.

Aunque crezcan vuestras riquezas, no les deis el corazón[136]. Esto no es un consejo, sino un precepto y Dios está diciéndonos por el profeta: si alguien es rico en cuanto a las posesiones o al saber, que sea pobre de corazón. Es decir, que sea humilde. Si bien esto resulta difícil, precisamente las dificultades son las que hacen

---

[134] Flp 2,3.
[135] Pr 13,10.
[136] Sal 61,11.

que la virtud tenga más mérito. Ser humilde en la humillación es poca cosa, pero hay un gran mérito en ser humilde cuando uno está rodeado de motivos que incitan a la soberbia, como la riqueza o el saber. "Ser humilde en el abajamiento no es gran cosa", dice San Bernardo, "pero la humildad de quien recibe honores es una virtud grande y poco frecuente"[137]. Es un hermoso espectáculo para la tierra y el cielo ver a un hombre rico que es modesto y no presta atención a sus riquezas o a un hombre sabio que no se complace en su sabiduría.

44. Aunque el pecado es en sí mismo un gran mal y más grave que cualquier otro mal, puede ocasionar para nosotros un gran bien si sabemos aprovecharlo como medio para practicar la humildad. ¡Cuántos grandes pecadores se han convertido en grandes santos sin hacer otra cosa que tener ante sus ojos sus propias culpas y convertirlas en motivo para lamentarse y avergonzarse, humillándose ante Dios y permaneciendo en la humildad ante los hombres!

El *contra ti solo pequé*[138] que David llevaba grabado en el corazón fue lo que más contribuyó a hacer de él un santo. Santo Tomás, explicando el texto de San Pablo a los Romanos en el que se dice que *todo sucede para bien de los que aman a Dios*[139], afirma: "a quienes aman a Dios les sirve para bien eso mismo en lo que se apartaron del amor de Dios por el pecado, porque los vuelve más humildes y precavidos"[140]. Admiremos la bondad y la sabiduría de Dios, que nos proporciona el modo de santificarnos con nuestras propias miserias, y así ya no nos servirá de excusa

---

[137] *Non magnum est esse humilem in abiectione, magna prorsus et rara virtus est humilitas honorata* (San Bernardo de Claraval, *Sermones sobre la Anunciación*, 4).
[138] Sal 50,6.
[139] Rm 8,28.
[140] *Diligentibus Deum proficit in bonum hoc ipsum quod per peccatum a Dei amore cadunt; quia humiliores redeunt et cautiores* (Santo Tomás de Aquino, *Suma Teológica*, III, c. 89, art. 2).

para no ser santos haber cometido grandes pecados, puesto que esos mismos pecados se pueden convertir en medios de llegar a la santidad si nos proporcionan una mayor humildad. ¡Qué grande es la misericordia de Dios, que me da la manera de santificarme simplemente recordando que he pecado y reflexionando a la luz de la santa fe sobre lo que significa haber pecado!

María Magdalena no fue tanto santa por las lágrimas que derramaron sus ojos cuanto por la humildad de su corazón. Empezó a ser santa cuando comenzó a ser humilde en el conocimiento de sí misma y de Dios: *cuando supo*[141]. Avanzó en la santidad al avanzar en la humildad, porque, cuando no se atrevía presentarse ante Cristo, se quedó a su espalda, *situándose detrás de él*[142], y así llegó con humildad a la meta de la carrera de la santidad. Como dice San Gregorio, no hizo el resto de su vida más que considerar el gran mal que había cometido al pecar: "reflexionó sobre lo que había hecho"[143].

45. El hecho de estar turbados y angustiados después de haber caído en el pecado no es más que una tentación del demonio, que intenta que esa angustia nos empuje a cometer otro pecado que quizá sea peor. El dolor por haber ofendido a Dios no angustia al alma, sino que la serena y le devuelve la calma, porque es un dolor que va unido a la humildad y que trae consigo la gracia. En cambio, turbarse y dejarse dominar por la tristeza, ya sea debido a la vergüenza de haber cometido un pecado vergonzoso o al reconocimiento súbito de nuestra debilidad cuando pensábamos que éramos más fuertes y constantes, no es más que soberbia causada por un exceso de amor propio.

---

[141] Lc 7,37.

[142] *Ibid.*

[143] *Consideravit quid fecit* (San Gregorio Magno, *Sermones sobre los Evangelios*, 20).

Solemos tener un concepto demasiado alto de nosotros mismos. Por ello, igual que nos inquietamos al ver que nuestro prestigio se reduce a los ojos de los demás, también nos turbamos cuando disminuye nuestra autoestima. Si lo pienso, veré que, cada vez que estoy turbado por mis defectos, esa turbación proviene de la de la presunción de la soberbia y de un secreto amor propio, como si yo fuera mejor que los justos, de los cuales se dice en la Escritura: *siete veces cae el justo*[144].

El que es humilde, aunque caiga por su fragilidad, pronto se duele, se arrepiente y suplica la ayuda divina para enmendarse, pero no se sorprende de haber caído, porque sabe que por sí mismo solo es capaz de hacer el mal y haría cosas aún peores si Dios no lo preservase con su gracia.

Después de haber cometido un pecado, conviene humillarse ante Dios y mantener la humildad para no volver a caer, sin desanimarse. Se puede decir con David: *¡estoy tan humillado! Señor, dame vida según tu palabra*[145]. En cambio, afligirse con melancolía y cobardía hasta llegar casi a la desesperación no es más que una tentación de soberbia y obra del demonio, que, como dice la Palabra de Dios, es el rey *de todos los hijos de la soberbia*[146].

46. Aunque nos comportemos bien, no debemos escandalizarnos ni asombrarnos de lo que hagan los malvados, ni tampoco considerarnos mejores que ellos, porque no conocemos lo que dispone sobre ellos o sobre nosotros el juicio sublime de Dios, *que hace obras grandes e inescrutables y maravillas sin número*[147].

Cuando Zaqueo se dedicaba a la usura y a oprimir a los pobres, cuando la Magdalena llenaba Jerusalén de escándalos, cuando

---

144 Pr 24,16.
145 Sal 118,107.
146 Job 31,25.
147 Job 5,9.

Pablo maldecía y perseguía el cristianismo, ¿quién habría imaginado que un día se convertirían en santos?

Por otro lado, ¿quién habría creído que Salomón, el oráculo de la divina sabiduría, fuera a morir hundido en la lujuria y entre ídolos? ¿O que Judas, miembro del colegio de los Apóstoles, fuera a traicionar a su divino maestro y a caer en la desesperación? ¿O que tantos otros maestros de santidad fueran a apostatar de la fe? Estos ejemplos deberían hacernos temblar cuando reflexionamos sobre los misterios inescrutables de la justicia y la misericordia de Dios, que *a uno ensalza y a otro humilla*[148] y que *derriba del trono a los poderosos y enaltece a los humildes*[149].

Todo santo puede convertirse en pecador en unos instantes, si se envanece en su santidad, y todo pecador puede convertirse en santo en unos instantes, si se humilla, arrepentido de sus pecados. ¡Cuántos hay que *se elevan hasta el cielo* con su fervor, pero poco tiempo después, en una ocasión de pecado, *bajan hasta los abismos*[150]! ¡Cuántos hay, también, que están perdidos en la vanidad y hundidos en el fango de sus pecados, pero que en un instante cambian, abren los ojos al conocimiento de la verdad y se dedican a alcanzar la perfección cristiana! Los altos designios de Dios, que *humilla y enaltece, levanta del polvo al necesitado y alza de la basura al pobre*[151], deben adorarse, más que escrutarse.

47. ¿Quién sabe si esa persona a la que juzgo y de la que hablo mal es más querida para Dios que yo? ¿Quién puede saber si esa otra a la que estimo en nada y a la que desprecio por sus defectos naturales o morales está destinada a gozar dichosa de Dios en el paraíso durante una eternidad? ¿Quién sabe si yo

---

[148] Sal 74,8.

[149] Lc 1,52.

[150] Cf. Sal 106,26.

[151] 1Sam 2,7-8.

mismo no acabaré condenado y desesperado en el infierno para siempre? Teniendo en cuenta lo grande que es nuestra ignorancia, ¿cómo puedo ponerme por encima de otros?

Nadie vale más de lo que vale ante los ojos de Dios. ¿Y cómo voy a saber yo si merezco que Dios me ame o me rechace? *No sabe el hombre si es digno de amor o de odio*[152]. ¿Cómo sabré si la vasija que Dios moldeará con mi arcilla tendrá un final honroso o deshonroso? *¿Quién te hizo distinto?*[153]. *Es el alfarero el que decide para qué sirven las vasijas*[154]. Cuando leo que San Pablo, heraldo del Espíritu Santo y gran apóstol de los gentiles, decía de sí mismo que tenía miedo de caer y merecer la condenación después de haber convertido a tantos millares de almas a Dios, temo *no sea que, después de predicar a otros, yo mismo me vea condenado*[155]. Ay, si el propio San Pablo, que había sido elevado al tercer cielo y podía decir *ya no vivo yo, es Cristo quien vive en mí*[156], aun así, temía ser condenado, ¿qué diré yo de mí mismo, que soy tan miserable? ¡A cuántos que considerábamos destinados al infierno los veremos a la derecha del Juez eterno en el día del juicio! ¡Y a cuántos que considerábamos elegidos de Dios los veremos a su izquierda!

Sería bueno, por lo tanto, que al compararnos con otra persona dijéramos de ella lo que dijo Judá acerca de Tamar: *es más justa que yo*[157], es mejor que yo. En algún sentido, eso siempre será cierto. Es enseñanza de Santo Tomás que "una persona puede creer y afirmar con verdad que es peor que los demás a causa de los defectos ocultos que reconoce en sí mismo y de los dones de Dios que podría haber también ocultos en los demás"[158].

---

[152] Qo 9,1.

[153] 1Co 4,7.

[154] Sb 15,7.

[155] 1Co 9,27.

[156] Ga 2,20.

[157] Gn 38,26.

[158] *Aliquis absque falsitate potest se credere et pronunciare omnibus vilioren*

48. ¿Quién puede asegurarme que no vaya a caer pronto en algún pecado mortal? Y, habiendo caído, ¿quién puede asegurarme que no vaya a morir en pecado y a precipitarme con ese pecado en el infierno? Mientras viva en este mundo no puedo estar seguro de nada. Debo tener esperanza de salvarme, pero también temor de condenarme.

Alma mía, no te digo estas cosas para abatirte. No quiero que te acobardes ni te desesperes, sino que seas humilde. ¡Y cuánta razón encontrarás para humillarte en esta incertidumbre de no saber cómo será tu muerte ni tu destino eterno! Únicamente en la medida en que seas humilde podrás esperar complacer a Dios y salvarte, porque hay una cosa de la que puedes estar segura: *Dios salvará al pueblo humilde*[159] y *preservará a los humildes de espíritu*[160].

Algunos creen que reflexionar sobre el misterio de la predestinación lleva a caer en la desesperación, pero, a mi entender y al de San Agustín, pensar en ese misterio es un medio eficaz de practicar la humildad[161]. En efecto, al contemplar que mi salvación eterna no depende de la fuerza de mi voluntad, sino únicamente de la divina misericordia, dejaré de confiar en mí mismo, pondré todas mis esperanzas en Dios y diré, con la sabia Judit, *humillemos ante Él nuestras almas y, con espíritu humilde, pidamos al Señor que tenga misericordia de nosotros*[162].

49. Saber controlar la lengua es un don particular de Dios, como dice el autor de los Proverbios: *es Dios quien gobierna la lengua*[163]. Cuando Dios quiere conferir este don a una persona, se lo da por medio de la humildad. Como nos advirtió el propio

---

secundum defectus occultus quos in se recognoscit, et dona Dei quae in aliis latent (Santo Tomás de Aquino, *Suma Teológica*, II-II, c. 161, art. 6).

[159] Cf. Sal 17,28.

[160] Sal 33,19.

[161] Cf. San Agustín de Hipona, *La predestinación de los santos*.

[162] Cf. Jdt 8,16-17.

[163] Pr 16,1.

Salvador, *de la abundancia del corazón habla la boca*[164], de modo que, cuando el corazón está bien ordenado por la humildad, la lengua también lo estará.

El que es humilde de corazón tiene un mal concepto de sí mismo y un buen concepto de los demás, de manera que ni se ensalza a sí mismo ni culpa a los demás. El humilde habla poco, midiendo y sopesando las palabras para no decir más de lo que convenga según la verdad y la modestia, y, como no tiene vanidad en su corazón, tampoco la tiene en su lengua.

De esto deducimos que poco o nada de humildad habrá en nuestro corazón si nuestra lengua se controla poco o nada al hablar. *Su corazón es vano*, dice el profeta, y esta es la razón por la que añade: *su garganta es como un sepulcro abierto*[165]. Hablamos de lo que tenemos en el corazón y, según si tenemos en el corazón la verdad o la vanidad, así serán las palabras que salgan de nuestros labios. Es bueno rogar a Dios que frene nuestra lengua, pero roguémosle también que haga humilde nuestro corazón y esa humildad bastará para poner un poderoso freno a nuestra lengua.

50. La humildad es caritativa, interpreta todo para bien y compadece y excusa en lo posible los defectos de los demás. De ahí que San Pedro, queriendo exhortarnos a compadecer y amar a nuestros prójimos, nos anime al mismo tiempo a ser humildes: *sed compasivos, con afecto fraterno, misericordiosos y humildes*[166], porque no puede existir la caridad donde no hay humildad y un vicio que se opone por completo a la humildad es criticar y censurar fácilmente las acciones del prójimo, juzgarlo y hablar mal de él.

---

[164] Mt 12,34.
[165] Sal 5,10-11.
[166] 1P 3,8.

¿Quién me ha nombrado juez de mis hermanos? Cuando me constituyo a mí mismo juez y dicto sentencia en el tribunal de mi mente contra uno u otro, estoy usurpando una autoridad que no tengo y que solo corresponde a Dios, *porque Dios es juez*[167]. ¿Qué mejor muestra puede haber de auténtica soberbia? Como castigo de esa arrogancia, a menudo Dios permite que caigamos en las mismas faltas que hemos juzgado en los demás, así que conviene recordar lo que dice San Pablo: *no tienes excusa, tú que juzgas, porque en eso que juzgas a otros tú mismo te condenas*[168].

En el corazón del que juzga y habla mal de otros siempre se encuentra una soberbia farisaica, propia de alguien que intenta exaltarse a sí mismo humillando a los demás. Aunque tratemos de cubrirla con el velo de alguna excusa, la maledicencia siempre se debe a la soberbia, que tiene buena vista para encontrar los defectos del prójimo, pero está ciega para los propios. Si caemos en este vicio, dediquémonos a enmendarnos y no nos congratulemos de tener ni siquiera un mínimo de humildad hasta que, a fuerza de decisión, atención y reflexión, hayamos mortificado esa mala inclinación a hablar mal de nuestro prójimo. Escuchemos al Espíritu Santo: *donde está la soberbia, allí hay injurias, pero donde está la humildad, allí hay sabiduría*[169]. El soberbio injuria con arrogancia a los demás; solo el humilde habla bien y con sabiduría. Cuando en el corazón hay humildad, se nota en lo que sale de la boca, *porque el hombre bueno saca el bien del tesoro de su corazón*[170].

51. Para adquirir la humildad, sin embargo, es necesario tener cuidado de no alabarse a uno mismo. *Que sean los demás los que te alaben*, dice el Libro de los Proverbios, *y no tu propia boca; el extraño y no tus labios*[171]. Si no se presta atención, es muy fácil

---

[167] Sal 49,6.

[168] Rm 2,1.

[169] Pr 11,2.

[170] Lc 6,45.

[171] Pr 27,2.

caer en el error de alabarse a uno mismo con frecuencia, hasta convertirlo en un mal hábito, y, con este mal hábito tan contrario a la humildad, ¿cómo vamos a ser humildes?

¿Qué buena cualidad tenemos que sea nuestra y por la que podamos ensalzarnos? Todo el bien que hay en nosotros es de Dios y solo debemos alabarle y honrarle a Él. Cuando nos alabamos a nosotros mismos, estamos usurpando la gloria que debemos dar a Dios.

Incluso si, algunas veces, al alabarnos a nosotros mismos, decimos que todo se lo debemos a Dios, eso no importa. Cuando no sea claramente necesario, conviene que nos abstengamos de ese tipo de alabanzas, porque en el instante mismo en que con la boca estamos atribuyendo toda la gloria a Dios, el astuto e ingenioso amor propio se está apropiando de esa gloria en secreto, como un ladrón.

También el decir algo malo de uno mismo puede ser, en realidad, signo de soberbia e hipocresía, como sugiere el Libro del Eclesiástico: *hay quien se humilla con maldad y su corazón está lleno de engaño*[172]. Por lo tanto, nunca velaremos lo suficiente en estas cuestiones, porque no hay nada que manifieste más la soberbia del corazón que nuestra lengua, con la que a ratos revelamos y a ratos disimulamos que nuestros afectos se inclinan al mal. Esto es lo que define al soberbio, según San Bernardo: "quien se atribuye a sí mismo lo que es o miente y dice de sí mismo lo que no es"[173].

Grabemos en nuestra mente y nuestro corazón aquel precioso consejo que dio Tobías a su hijo: *nunca permitas que la soberbia domine tu mente ni tus palabras*[174]. Lo que sale de la boca del soberbio apesta, ya hable de sí mismo o de los demás. Es un

---

[172] Si 19,23.

[173] *Qui vel sibi arrogat quod est, vel mentitur de se quod non est* (San Bernardo de Claraval, carta 87).

[174] Tb 4,14.

hedor que resulta aborrecible para Dios y para los hombres, así que debemos aborrecer este vicio tanto por motivos cristianos como humanos.

52. Un medio que Dios nos da para conseguir la humildad del corazón es recordar la muerte y meditar sobre ella. La muerte es maestra de la verdad, porque nos la da a conocer y, como la soberbia no es más que una ilusión oculta de nuestro corazón, no hay nada mejor que la muerte para obligarnos a reconocer esa vanidad y librar a nuestro corazón de ella.

Al pensar que hemos de morir pronto y cuando menos lo esperemos, y que la muerte es el fin de todas las cosas de este mundo para nosotros, se debilita el amor propio y se humilla su arrogancia. Por desgracia, no pensamos en la muerte con la seriedad que merece.

Si yo supiera con certeza que iba a morir antes de un año, supongo que me iría haciendo más humilde cada día, al considerar que la muerte se iba acercando cada vez más. ¿Quién puede asegurarme, sin embargo, que viviré todo un año, si ni siquiera estoy seguro de que vaya a ver el final del día de hoy?

Dios mío, auténtica luz de mi alma, mantén vivo en mí el recuerdo de que voy a morir. Que suene a menudo tu voz en mi corazón, diciéndome que tengo que morir, quizá este mismo año, este mes o esta semana, y así permaneceré en la humildad. Para que el pensamiento de la muerte dé frutos, suscita en mi alma el conocimiento y los sentimientos que tendré a la luz de esa vela bendita que me pondrán en la mano en la última hora de mi vida, *en el día de la sentencia*[175]. Haz que reconozca ahora la vanidad como la reconoceré entonces y así mi vanidad ya no podrá engendrar arrogancia frente a esa verdad tan evidente: *vanidad de vanidades y todo vanidad*[176]. Job fue siempre muy

---

[175] Sb 3,18.
[176] Qo 1,2.

humilde, incluso en los días de grandeza y prosperidad, porque pensaba: *mis días se acaban y solo me queda el sepulcro*[177].

53. Otro motivo para la humildad es recordar el juicio. Tiemblan los santos al pensar en que van a ser juzgados por Dios, en cuya presencia no son inmaculados ni siquiera los ángeles. Tiemblan aunque solo tengan buenas obras que mostrar en el juicio. ¿Y qué será de mí, reo de tantas culpas?

Por lo tanto, si yo me estimo y busco ser estimado por los demás como más virtuoso o menos pecador de lo que realmente soy, está claro que ese deseo solo puede venir de mi propia hipocresía, por la que me presento ante los ojos de los hombres de forma engañosa e intento darles gato por liebre, porque sé que no pueden ver lo que hay dentro de mi corazón. Llegará un tiempo, sin embargo, en que Dios revelará mi malicia a todo el mundo: *mostraré tu desnudez a las naciones, tu vergüenza a los reinos, dice el Señor*[178]. Entonces compareceré como realmente soy. ¿Y qué dirán de mí aquellos a los que engañé con mis fingimientos e invenciones?

Alma mía, permanece en la humildad y recuerda que, cuanto más te ensalces ahora, más tendrás que avergonzarte y humillarte en el día del juicio. Como dice el profeta, *el hombre será humillado* entonces, *en el juicio*[179]. Solo el humilde podrá gloriarse *en su exaltación*[180]. Recuerda que, como anuncia Isaías, el día del juicio llegará precisamente para humillar a los soberbios: *el día del Señor de los ejércitos caerá sobre todos los soberbios y quedarán humillados*[181]. Considera que está especialmente dirigida a ti aquella voz profética de Dios: *estoy contra ti, soberbio, dice el Señor Dios de los ejércitos, porque llega el*

---

177 Job 17,1.
178 Na 3,5.
179 Cf. Is 5,15-16.
180 St 1,9.
181 Cf. Is 2,12.

día en que te visitaré y el soberbio tropezará y caerá y no habrá quién lo levante[182].

¿Cómo puedo estimarme en más que los demás, sabiendo que todos debemos comparecer igualmente ante el tribunal de Dios como reos, miserables y desnudos? Así lo escribe San Pablo en su Carta a los Romanos: *pero tú, ¿por qué juzgas a tu hermano? Y tú, ¿por qué lo desprecias? Todos compareceremos ante el tribunal de Dios*[183].

54. El alma se humilla al recordar que existe el infierno. Sin embargo, no hay que considerarlo simplemente en sí mismo o como destino general para los pecadores, sino como preparado en particular para mí y como algo que he merecido más que de sobra.

Allí se precipitan todos los soberbios y allí me precipitaría yo, para ser perpetuamente insultado, pisoteado y atormentado por los demonios, si no me hubiese protegido la misericordia de Dios. Millones de ángeles han sido arrojados allí por haber cometido un pecado de soberbia, que fue solo un pecado de pensamiento.

Si sigues, alma mía, acostumbrándote a la soberbia, pretendiendo que te estimen, mostrándote susceptible ante las ofensas y no queriendo ceder ante nadie, *te precipitarás en el infierno*[184]. El infierno te espera y allí será humillada tu soberbia. Tú que ahora te alimentas del humo de los pensamientos orgullosos, tendrás allí humo y fuego; tú que ahora quieres estar por encima de los demás, allí estarás por debajo de los demás.

Así es. Allí te encontrarás con un Dios que tiene un odio infinito a los soberbios y que está infinitamente airado contra ellos. Qué

---

182 Cf. Jr 50,31-32.
183 Rm 14,10.
184 Is 14,15.

verdadero es que el humilde será ensalzado en el cielo y el soberbio será humillado y derribado.

Murió el rico, escribe San Lucas de un soberbio que *se vestía de purpura y lino*. El rico murió y terminó donde terminan la humanidad y la vanidad: *fue sepultado y arrojado al infierno*[185]. Esto último se refiere a la soberbia: el sepulcro es el fin del hombre, mientras que el infierno es el fin del soberbio.

55. Ante todo, sin embargo, lo que hace humilde al alma es el pensamiento de la eternidad. Incluso si yo estuviera equivocado al querer vivir humildemente en este mundo, poniéndome por debajo de los demás, sé que mi equivocación no tendría importancia, porque todo pasa y termina pronto. En cambio, si me estuviese engañando al vivir despreocupadamente como un soberbio, ese engaño sería crucial, porque sus consecuencias serían eternas. Y ya que, incluso si intento practicar la humildad, debo tener cuidado, porque no sé si es auténtica humildad eso que, a veces, me parece que tengo, ¿cuánto más no debería preocuparme si viviese dominado por una evidente soberbia?

Digamos, alma mía, que te complazco en todos tus orgullosos deseos, de modo que seas estimada, alabada y honrada en todo el mundo, que tengas ciencia, riquezas y placeres sin adversidades, enemigos, penas o molestias para tus pasiones y vicios. ¿Y después…? ¿Y después…? Te ruego que imites en esto al soberbio Nabucodonosor, que, en el tiempo de su esplendor, pensaba en lo que iba a *suceder en el futuro*[186]. Todo lo que tiene un fin es vanidad y hemos de llegar a la eternidad que no tiene fin. ¿En qué quedará la vanidad de tu soberbia? En humillaciones ignominiosas y llanto amargo, que durarán para siempre y no tendrán fin.

---

185 Lc 16,19.22.
186 Dn 2,29.

Todo pasa y, después, ¿qué será de mí? ¿Qué es lo que va a *suceder en el futuro*? No pienso en ello y, precisamente por no pensar en la eternidad, me domina la vanidad.

El rey David tenía una gran humildad del corazón, porque llevaba grabado en el corazón el temor de la eternidad. *De noche lo pienso en mi corazón: ¿acaso el Señor nos rechaza para siempre?*[187]. Cuando el mundo te ofrezca honores, gloria y placeres, acuérdate, alma mía, de decir en tu interior: ¿Y después...? ¿Y después...? *Recuerda lo que te ha de suceder*[188]. Muchos que, con altanería y orgullo, creían ser importantes en el mundo, abandonaron toda su soberbia y se hicieron humildes con un solo pensamiento serio sobre la eternidad. Se cumple y se cumplirá siempre lo que dijo el profeta: *las montañas del mundo han sido aplastadas, hundidas las colinas del mundo, por los caminos de la eternidad*[189].

56. Como enseña la Escritura, hay un tipo de soberbia que Dios abomina más que cualquier otra: la que surge en el pobre. *Mi alma aborrece al pobre soberbio*[190]. A Dios le disgusta la soberbia incluso en los que son ricos de méritos, de talentos y de virtud, que son las riquezas más preciosas del alma, pero mucho más le disgusta la soberbia en quien es pobre y no tiene motivos para ensoberbecerse, sino para humillarse. Temo que esta sea precisamente la soberbia que yo tengo.

Soy pobrísimo en lo que al alma se refiere, sin virtud ni méritos, pero lleno de iniquidad y malicia. A pesar de ello, me estimo y amo mi propia estima y me angustio si los demás no me estiman de igual manera. Verdaderamente soy un pobre soberbio y, cuanto más miserable es mi pobreza, más abominable es mi soberbia ante Dios. Todo viene de que no me

---

[187] Cf. Sal 76,7-8.
[188] Cf. Si 41,5.
[189] Ha 3,6.
[190] Cf. Si 25,3-4.

conozco a mí mismo. Dios mío, haz que yo sea, como el profeta, *un hombre que ve su propia pobreza*[191].

Concédeme conocer mi miseria y que por mí mismo no soy nada, no sé nada, no puedo nada, no tengo nada más que el pecado y no merezco nada más que el infierno. He recibido de ti muchas gracias, iluminaciones, mociones y ayudas, pero ¡con cuánta maldad he correspondido a tu infinita bondad! ¿Quién es más pecador, ingrato o malvado que yo?

Cuantos más dones recibo de ti, más humilde debería ser, porque tendré que dar cuenta detallada de todos tus dones: *a quien mucho se le dio, mucho se le pedirá*[192]. En cambio, cuanto mayor es tu generosidad, también más grande es mi soberbia. Me sonrojo, lleno de vergüenza, y es mi propia soberbia la que ahora me obliga a humillarme.

57. Para ser humilde, ayuda más sufrir alguna contrariedad que vivir en la prosperidad, porque las comodidades terrenas pueden empujar al hombre a la soberbia. Así lo dice David, el rey profeta, sobre algunos malvados: *no sufren las labores humanas y por eso su vestido es el orgullo*[193].

Las adversidades son como un contrapeso para el amor propio y no dejan que nos llenemos de vanidad. Por un lado, nos hacen conocer nuestra debilidad, especialmente si son involuntarias y graves, y, por otro, nos obligan a acordarnos de Dios, a confiarnos a Él y a humillarnos bajo su mano, como hacía el profeta: *en la tribulación llamé al Señor*[194] y, *desolado, me humillaba*[195]. Por lo tanto, si no sabemos recibir esas adversidades con alegría, procuremos al menos soportarlas con paciencia y humildad.

---

[191] Lm 3,1.
[192] Lc 12,48.
[193] Cf. Sal 72,5-6.
[194] Sal 17,7.
[195] Sal 34,14.

¡Qué preciosa es la humillación con la que podemos adquirir y ejercitar la humildad! En ese momento es cuando podemos decir, con el Salmista: *humillaste al soberbio, como a uno que está herido*[196]. O bien podemos proclamar, con el rey Nabucodonosor, después de que se humillara y volviera a entrar en razón: *ahora yo alabo, ensalzo y glorifico al Rey del cielo, porque humilla a los que caminan con soberbia*[197]. No faltan las adversidades en este valle de lágrimas, pero son pocos los que saben aprovecharlas para conseguir la humildad. Dios mío, dame la gracia de estar entre esos pocos.

58. No debemos apresurarnos a creer que tenemos una virtud. Es posible que seamos castos por falta de ocasiones o tentaciones y que seamos pacientes por un carácter tranquilo o por pura prudencia humana y no por prudencia cristiana. Lo mismo se puede decir de tantas otras virtudes, en las que quizá cometamos el mismo error.

Así pues, debemos aprender bien esta enseñanza: que las verdaderas virtudes cristianas *no provienen de la sangre ni de la voluntad de la carne ni de la voluntad del hombre, sino de Dios*[198], es decir, que no son obra del carácter, la pasión o la razón del hombre, sino que proceden de Dios como de su principio y vuelven a Dios como a su último fin. Este conocimiento es necesario para que no nos engañemos creyéndonos virtuosos cuando no lo somos ni pensemos que somos mejores que los demás al verlos caer en algún pecado.

También de las culpas de los demás debemos aprender una lección de humildad, diciendo: si yo me hubiera encontrado en circunstancias parecidas y hubiera sufrido la misma tentación, quizá habría hecho algo peor. Dios no permite que yo sufra tentaciones tan fuertes porque sabe que soy débil y caería en

---

[196] Sal 88,11.
[197] Dn 4,34.
[198] Jn 1,13.

ellas. Me conoce con ojos de misericordia como soy en realidad: *hombre débil*[199]. Si no caigo, no es por mi virtud, sino por su gracia que me ayuda.

Por lo tanto, debo permanecer en la humildad y me conviene hacerlo, porque, si con soberbia quisiera ponerme por encima de los demás, Dios se retiraría, me dejaría caer y me humillaría en las mismas cosas en las que yo quería ensalzarme. Así lo advertía San Agustín: "me atrevo a decir que a los soberbios les conviene caer, para que en eso mismo en lo que se enaltecían queden humillados"[200].

59. Cuando suceda que hacemos bien a las almas de los demás, ya sea mediante la enseñanza o el consejo, las palabras o los buenos ejemplos, debemos recordar que en ese momento estamos especialmente obligados a ser humildes por esta razón de fe y este hecho: Dios, para llevar a cabo sus más altos designios, se sirve de las cosas más bajas, débiles, abyectas y despreciables de este mundo. Se trata de una verdad de fe que el Espíritu Santo nos enseña por boca de San Pablo: *lo necio y lo débil del mundo y lo despreciable y lo que no cuenta y lo que no es lo ha elegido Dios*[201]. Del mismo modo, Dios se sirve de mí para suscitar frutos de vida eterna en las almas, una obra maravillosa que proviene de la misericordia omnipotente de Dios. Por lo tanto, yo debo de estar entre las cosas más viles, mezquinas y despreciables de este mundo: *lo necio y lo débil del mundo y lo despreciable y lo que no cuenta y lo que no es*. Esto es parte de la fe.

Si algún alma se perdiera por mis malos ejemplos o consejos, yo sería verdaderamente el autor y el culpable de esa perdición, pero si algún alma se salvara por mis acciones o palabras, yo no

---

[199] Sb 9,5.
[200] *Audeo dicere, superbis expedit cadere, ut in eo, in quo se extollunt. humilientur* (San Agustín de Hipona, *Sermones, 53*).
[201] Cf. 1Co 1,27-28.

podría gloriarme de ello, porque su salvación sería obra por completo de Dios: *la salvación viene del Señor*[202].

Los dones de ciencia, inteligencia, elocuencia o incluso de hacer milagros son gracias que se llaman *"gratis datae"*[203] y que se otorgan incluso a los malvados. En cambio, la gracia santificante, que se da a quien vive en humildad y caridad, es la que hace que el alma sea agradable a Dios, pero ninguno de nosotros puede estar seguro de tenerla.

60. Si bien el paraíso solo es para los humildes, cada uno de los que estén en él tendrá más o menos gloria según el grado de humildad que haya tenido. Dios Padre glorificó a Jesucristo por encima de todos porque fue el más humilde de todos. Siendo el verdadero Hijo de Dios, se humilló voluntariamente para convertirse en el más despreciado de los hombres. Con Jesucristo ha sido también exaltada sobre todos su Madre santísima, porque, siendo superior a todos los seres humanos por su dignidad de Madre de Dios, se humilló más que nadie, con una profundísima humildad. Esta es también la sabia regla de Dios para los demás santos, que reciben un grado de gloria proporcional al de su humildad.

Bien dice el Libro de los Proverbios que *la humildad precede a la gloria*[204]. También lo dijo Job: *el que se humilló, será glorificado*[205]. Aún más claro fue el Salvador del mundo cuando, después de explicar la necesidad de la humildad para entrar en el reino de los cielos, llamó a un niño para que se acercase y afirmó: *quien se hace pequeño como este niño, ese es el mayor en el reino de los cielos*[206].

---

202 Sal 3,9.
203 Es decir, gracias otorgadas sin ningún mérito propio, para la salvación de otros y no directamente en beneficio del que las recibe.
204 Pr 15,33.
205 Job 22,29.
206 Mt 18,4.

¡Qué preciosa debe de ser la humildad, cuando Dios la recompensa con la gloria eterna!

Alma mía, alza los ojos de la fe al paraíso y contempla: ¿es que no merece la pena ser humildes en estos cuatro días que dura nuestra vida y así poder entrar a gozar de la gloria inmensa de la eternidad bienaventurada? *Lo que ahora no es más que un momento, produce un eterno e incalculable tesoro de gloria*[207]. Encomiéndate de corazón a Dios, que *alza a los humildes a lo más alto*[208].

61. La prueba de la verdadera humildad es la paciencia: ni el hablar humildemente ni la apariencia de humildad ni la dedicación a obras humildes bastan para juzgar que un alma es verdaderamente humilde. Hay muchos que tienen todos los signos externos de la humildad, pero reaccionan frunciendo el ceño ante cualquier adversidad y se enojan por cualquier pequeña molestia que se les pueda causar.

Si en los acontecimientos imprevistos se tiene paciencia para tolerar una ofensa o sufrir una injusticia, para callar y no indignarse ni alterarse ni enojarse ni lamentarse, eso es una buena señal y se puede empezar a formar el juicio de que existe cierta humildad. No obstante, la paciencia solo es signo infalible de una verdadera humildad cuando proviene del conocimiento de la propia indignidad y cuando la persona tolera el mal porque sabe que está llena de miserias y merece ese mal que sufre

¿Y qué tal estamos en cuanto a esa paciencia, alma mía? Dios mío, cuánta soberbia encuentro incluso en mi paciencia. A veces soporto una injusticia, pero siento que me tratan injustamente. Otras soporto una palabra ofensiva, pero considero que no me

---

la merezco. Y si otros no me estiman, me estimo yo a mí mismo. ¿Dónde está la humildad? No hay ni una sombra de ella.

Según los santos padres, se aplican a Jesucristo las palabras del salmista, *preparado estoy para los azotes*[209], porque, debido a que había tomado sobre sí nuestras iniquidades, se consideraba a sí mismo merecedor de todas las penas y oprobios del mundo. ¡Ese es el modelo de la verdadera humildad!

Son muy diferentes la paciencia de los filósofos estoicos o de las gentes mundanas y la paciencia de los verdaderos cristianos. Los estoicos enseñaron, de palabra y obra, la gran importancia de la paciencia, pero era una paciencia producto del orgullo, el amor propio y el desprecio por los demás. Por otro lado, las gentes mundanas soportan con paciencia diversos problemas y contrariedades de su vida, pero es una paciencia motivada por el interés, por la necesidad o por la prudencia humana. Solo los cristianos poseen la paciencia unida a la humildad, que recibe las adversidades sometiéndose a la voluntad de Dios. Esta es la auténtica paciencia que agrada a Dios, como dice San Agustín: "no es grato a Dios lo que hace el hombre con soberbia, pero le agrada lo que se hace humildemente"[210].

62. En ocasiones pueden preocuparnos estos pensamientos: ¿quién sabe si mis confesiones pasadas han sido válidas? ¿Quién sabe si tuve verdadero dolor de los pecados? ¿Quién sabe si mis pecados fueron perdonados? ¿Quién sabe si estoy en gracia de Dios? ¿Quién sabe si recibiré la gracia de la perseverancia final? ¿Quién sabe si estoy predestinado a salvarme? Dios no quiere que esta incertidumbre nos cause inquietud y una angustia escrupulosa. En su infinita sabiduría, mantiene ocultos para

---

[209] Sal 37,18.

[210] *Non est gratum Deo quidquid homo fecit cum superbia; quod autem humiliter fit, hoc est ei acceptum* (San Paulino de Aquilea, *Libro de la exhortación*, cap. 31; este libro se atribuía antiguamente a San Agustín de Hipona).

nosotros los misterios de su justicia y de su misericordia, porque esta ignorancia puede ser muy útil para ayudarnos a ser humildes y a conservar esa humildad.

Por lo tanto, el fruto que debemos recoger de esos pensamientos es vivir siempre en el temor de Dios y la humildad en su presencia, procurando hacer el bien y evitar el mal, sin ensalzarnos con amor propio por encima de los demás, porque no sabemos lo que será de nosotros. *Servid al Señor con temor*[211]. *Temed al Señor, todos sus santos*[212].

Esta es la voluntad de Dios para nosotros, manifestada en las palabras de San Pablo. Ya sea con lo que nos revela o con lo que mantiene secreto, Dios siempre pretende que seamos humildes. Al leer la sagrada Escritura, encontraremos en ella profecías del Espíritu Santo que pueden hacernos temblar y otras que nos consolarán. Al leer los escritos de los santos padres, encontraremos en ellos frases terribles y frases agradables. Al leer los libros de los teólogos, igualmente encontraremos en ellos opiniones en materia de gracia y predestinación que nos preocupen y otras que nos animen. ¿Por qué? La divina providencia de Dios lo ha dispuesto así para que, entre la esperanza y el temor, nos mantengamos humildes.

Los misterios de la gracia y la predestinación dejarían de ser misterios si pudiésemos comprenderlos con nuestra inteligencia. Obsesionarnos en darle vueltas a si Dios nos ha perdonado los pecados, si estamos en gracia, si estamos predestinados a salvarnos y cuestiones similares es un acto de temeridad y de soberbia, por el que intentamos conocer los juicios ocultos de Dios, que prefiere que no los conozcamos para que así permanezcamos en la humildad. *No quieras saber mucho, sino más bien teme*[213], nos dice San Pablo.

---

[211] Sal 2,11.
[212] Sal 33,10.
[213] Rm 11,20.

63. Tengo una gran deuda de gratitud con quien me mantiene en la humildad, ya sea con humillaciones de palabra o de obra, porque colabora con la divina misericordia para llevar a cabo la obra de mi salvación eterna. Aunque no tenga intención de contribuir a mi salvación cuando me ofende, sigue siendo instrumento de esa salvación. Seré yo quien tenga la culpa si, teniendo a mi disposición ese instrumento, no hago uso de él.

San Ambrosio, hablando de la ocasión en que David fue insultado y apedreado por Semei, dice que el rey "callaba y se humillaba"[214], teniendo en mente este pensamiento: *el Señor le mandó que me maldijera*[215]. Cuando el cirujano me cura se lo agradezco, aunque no esté pensando en mi salud sino en desempeñar su oficio. Del mismo modo, si entiendo la humildad al modo de los buenos cristianos y no de los filósofos estoicos, debo estar agradecido a quien me humille, aunque no tenga la intención de hacerme humilde, sino solo de humillarme, porque lo cierto es que esas humillaciones me sirven para conseguir la humildad, si así lo deseo.

En sí mismo, el beneficio que recibo es un auténtico beneficio, aunque quien me lo proporciona no tenga la intención de beneficiarme. La ofensa es ofensa en la intención de quien ofende, pero es humillación en quien la recibe y, como tal, un medio adecuado para adquirir y ejercitar la humildad si se recibe cristianamente.

Con este fin, Dios permite que seamos humillados en ocasiones, para así probar nuestra virtud, *en el horno de la humillación*[216]. El mismo libro de la Escritura nos ofrece también esta digna enseñanza: *humilla tu corazón y mantente firme*[217].

---

[214] *Tacebat et humiliabatur* (San Ambrosio de Milán, *Sobre los deberes de los ministros*, lib. I, cap. 48).
[215] 2S 16,10.
[216] Si 2,5.
[217] Si 2,2.

64. Todo depende del modo en que se reciben las cosas. Si uno se orienta siguiendo las reglas del mundo, es cierto que todo inspira soberbia, pero, si uno sigue las reglas del Evangelio, todo inspira humildad. Según el mundo, a una ofensa hay que responder con acaloramiento y resentimiento. En cambio, según el Evangelio, debe responderse a ella con una paciencia humilde, prudente y modesta.

Puede pensarse que *son duras estas palabras*[218], pero ¿es que no tenemos paciencia para agradar al mundo, una paciencia que suele ser áspera y amarga? ¿Es que solo va a ser duro tener paciencia con humildad para agradar a Dios?

¡Ay de ti, alma mía, si esperas saciarte de los bienes de este mundo, es decir, de los pensamientos del mundo, las ideas del mundo, los pundonores, compromisos y respetos del mundo, las políticas del mundo, los amores y los humores del mundo! Bien sé que, si nos tomamos lo que nos sucede al estilo del mundo, la humildad nos resultará trabajosa y aburrida, como dice la Escritura: *el soberbio aborrece la humildad*[219].

Elevémonos más bien por encima del mundo y, a la luz de las verdades eternas de la fe, encontraremos que esta virtud no solo es fácil, sino también gozosa y dulce. Así lo enseñó Cristo, que, después de exhortarnos a aprender de Él la humildad, *aprended de mí, que soy manso y humilde de corazón*, también dijo inmediatamente: *mi yugo es llevadero y mi carga ligera*[220]. La Verdad no puede mentir; somos nosotros los que no queremos entenderla. El mundo nos domina y, por ello, cuando oímos hablar de humildad nos parece que *son duras estas palabras*, pero debemos recordar que son palabras verdaderas. Si no somos humildes, no podremos salvarnos.

---

[218] Jn 6,61.

[219] Si 13,24.

[220] Cf. Mt 11,29-30.

Grande es la patria a la que aspiramos, dice San Agustín, pero humilde es el camino por el que debemos llegar a ella: "excelsa es la patria, humilde la senda". ¿De qué sirve desear el cielo, si no queremos caminar por la senda de la humildad, que es la única por la que se puede llegar a él? "¿Por qué busca la patria quien rechaza el camino?"[221].

65. Jesucristo, al orar al eterno Padre, dijo que su oración no era por el mundo, *no te pido por el mundo*[222], sino por sus discípulos, y, para que su oración fuera eficaz, había afirmado antes que esos discípulos no eran seguidores del mundo: *están en el mundo, pero no son del mundo*[223]. Al pensar en estas palabras del Salvador, confieso que no hay otras en el Evangelio que más me espanten. Me doy cuenta de que es necesario que me aleje del bando del mundo para que Jesucristo rece por mí, porque, si yo amo al mundo, seré rechazado por Jesucristo y no podré ser partícipe de sus méritos ni de sus oraciones. Son las palabras de Cristo: *no rezo por el mundo, sino por los que no son del mundo*[224].

Fijémonos bien en estas palabras: Jesucristo nos excluye de su compañía y de su reino si somos del mundo, es decir, si queremos seguir las enseñanzas del mundo, que son enseñanzas de vanidad y de mentira y hacen al hombre soberbio, las enseñanzas de los mundanos, que, como dice el profeta, *se apartan del sendero de la humildad*[225]. Cristo es nuestro abogado ante el Padre en la medida en que, renovada la renuncia al mundo de nuestro bautismo, aceptemos las enseñanzas de verdad del Evangelio, que ayudan a hacer humilde al hombre. Pretender ser a la vez de Dios y del mundo es totalmente

---

[221] *Excelsa est patria, humilis est via. […] Qui recusat viam, quid quaerit patriam?* (San Agustín de Hipona, *Tratados sobre el Evangelio de San Juan*, 28).
[222] Jn 17,9.
[223] Jn 7,11.
[224] Cf. Jn 17,9.14.
[225] Am 2,7.

imposible, porque no se puede complacer a uno y al otro: *odiará a uno y amará al otro o apreciará a uno y despreciará al otro*[226]. Querer ser de Dios y también del mundo es lo mismo que querer ser humilde y a la vez soberbio. ¡Una ilusión!

66. La meditación más familiar que solía practicar San Francisco consistía en volver sus pensamientos primero a Dios y luego a sí mismo, exclamando: Dios mío, ¿quién eres Tú? ¿Y quién soy yo? Elevaba primero sus pensamientos considerando la grandeza y la bondad infinitas de Dios y después descendía a considerar su propia miseria y bajeza. Así, en este elevarse y descender, contemplando ya el todo ya la nada, pasaba noches enteras y ejercitaba con este santo quehacer una auténtica humildad sublime y profunda, a imagen de los ángeles que vio Jacob y que *subían y bajaban*[227] por aquella escalera de perfección mística.

Esa debe ser para nosotros la norma, de modo que no nos equivoquemos en lo que se refiere a la humildad. Si solo ponemos los ojos en nuestras propias miserias, podríamos caer en la desconfianza y la desesperación. Del mismo modo, poner los ojos únicamente en la divina bondad podría llevarnos a la presunción o la temeridad. La verdadera humildad está en el medio, ya que, como dice Santo Tomás, "la humildad frena la presunción y robustece el ánimo contra la desesperación"[228]. Con espíritu evangélico, la humildad hace que desconfiemos de nosotros mismos y confiemos en Dios, porque, desconfiando y confiando así, entre el temor y la esperanza, se lleva a cabo la salvación.

En Dios debemos considerar a veces la misericordia para suscitar la esperanza, como hacía el rey David al decir *tengo ante*

---

[226] Lc 16,13.

[227] Gn 28,12.

[228] *Humilitas refraenat praesumtionem et firmat animum contra desperationem* (Santo Tomas de Aquino, *Suma Teológica*, II-II, c. 161, art. 1-2).

los ojos tu misericordia[229], y a veces la justicia para mantenernos en el temor de Dios: *Señor, me acordaré de tu justicia, tuya entera*[230]. Del mismo modo, al pensar en nosotros, a veces debemos considerarnos como obra de Dios y creados a su imagen y semejanza para dar gloria a Dios por ello y a veces debemos pensar en que somos pecadores, que es una obra nuestra por la que debemos humillarnos profundamente. "El hombre y el pecado son dos cosas distintas", dice San Agustín. "Lo que corresponde al hombre, lo hizo Dios; lo que corresponde al pecador, lo hizo el propio hombre. Destruye lo que hiciste para que Dios salve lo que hizo Él"[231].

67. Conocernos a nosotros mismos ayuda mucho a adquirir la humildad, pero, entre tantas miserias de pasiones, pecados y vicios sobre los que podemos reflexionar, lo más útil es reconocer nuestra propia soberbia. En efecto, la soberbia es el vicio más vergonzoso y, en la confesión sacramental, nos resulta más difícil y embarazoso acusarnos de ser soberbios y de no hacer nada por corregir esa soberbia que acusarnos de otras culpas.

Este conocimiento de la propia soberbia es humillante, porque otros vicios pueden compadecerse o excusarse por una razón u otra, pero la soberbia no se puede compadecer ni excusar, ya que es un pecado diabólico por completo y aborrecible no solo para el Señor sino también para los hombres, como dice la Escritura: *la soberbia es odiosa ante Dios y ante los hombres*[232].

Así pues, conviene que hagamos examen de conciencia todos los días sobre la soberbia y que nos acusemos de ella en las

---

[229] Sal 25,3.
[230] Sal 70,16.
[231] *Quasi duae res sunt homo et peccator. Quod audis homo, Deus fecit. Quod audis peccator, ipse homo fecit. Dele quod fecisti, ut Deus salvet quod fecit* (San Agustín de Hipona, *Tratados sobre el Evangelio de San Juan, 12*).
[232] Si 10,7.

confesiones, porque el hecho de acusarnos de soberbia será una estupenda preparación para hacernos humildes. Pidamos a Cristo que haga con nosotros lo mismo que hizo con aquel ciego al que curó y que ponga sobre nuestros ojos el barro de nuestra soberbia, para que podamos ver la luz. Digamos al Señor: Tú eres mi Dios, que levantas *de la tierra al desvalido y de la basura al pobre*[233]. Haz que la soberbia, que en mí es un auténtico vicio, se ponga a mi servicio para que yo pueda ejercer la virtud de la humildad.

68. Consideremos algunos bienes que pueden suscitar en nosotros una vana complacencia en las cosas de este mundo. Una persona puede gloriarse y complacerse por tener una salud robusta y hermosura, otra por la ciencia, conocimientos y elocuencia y otros dones del alma que ha adquirido con esfuerzo, una tercera por poseer riquezas y multitud de bienes, y una cuarta por su virtud moral e incluso por sus virtudes infusas regaladas por Dios con diversas gracias espirituales de perfección. Todos esos bienes, sin embargo, proceden de Dios y tendremos que rendir cuentas sobre si nos hemos servido de ellos según las inspiraciones y las leyes de Dios. Por todos los dones que recibimos de Dios, quedamos en deuda con Él y estamos obligados a servirnos de esos dones como de un dinero prestado, utilizándolos para la gloria de Dios. Al considerar cuántos beneficios materiales o espirituales hemos recibido del cielo, debemos tener en cuenta que hemos contraído con Dios otras tantas deudas. ¿Es esto un motivo para gloriarse, tener muchas deudas?

Ningún mercader sensato que tenga grandes deudas presumirá de ello en la plaza, para no perder su crédito. ¿Por qué vamos a presumir nosotros de tantas deudas como tenemos con Dios? Unas deudas que son, además, de tal magnitud que nos ponen

---

[233] Sal 112,7.

en riesgo de quedar en quiebra cuando llegue aquel día en el que el soberano Señor nos dirá: *paga lo que debes*[234].

Los beneficios que recibimos de Dios deben ser para nosotros motivo de humildad y no de gloria, según la enseñanza de San Gregorio: "cuanto más obligado esté el hombre a dar cuenta de sus deberes, más humilde debe ser en su cumplimiento"[235]. Presumir de los dones recibidos de Dios es lo mismo que hacer gala de nuestra ingratitud y tenemos más razón para humillarnos por esa ingratitud que para gloriarnos por esos dones.

69. La verdadera razón por la que el Señor Dios concede tantas gracias a los humildes es esta: porque los humildes son fieles en el empeño de hacer buen uso de esas gracias. Las reciben del cielo y, haciendo uso de ellas de una forma que agrada a Dios, le dan a Él toda la gloria, sin apropiársela en lo más mínimo.

En esto consiste ser un empleado fiel: en no apropiarse de nada que sea del amo. Eso es lo que merece la alabanza y la recompensa recibidas por el empleado del Evangelio: *bien hecho, siervo bueno y fiel; porque has sido fiel en lo poco, a cargo de mucho te pondré*[236].

¿Cómo estamos, alma mía, en cuanto a esta fidelidad a Dios? Somos como aquellos servidores que, cada vez que el amo les da dinero para comprar una cosa u otra, se quedan con alguna moneda para ellos y, poco a poco, se van haciendo infieles y ladrones en lo mucho.

Somos infieles por nuestra soberbia, cuando deseamos y robamos esa estima que es consecuencia del uso de un don que

---

[234] Mt 18,28.
[235] *Tanto ergo esse humilior quisque debet ex munere, quanto se obligatiorem esse conspicit in reddenda ratione* (San Gregorio Magno, *Sermones sobre los Evangelios*, 9).
[236] Mt 25,21.

proviene en su totalidad de Dios y que deberíamos entregarle a Él. Dios mío, tú sabes todo lo que robo y me asombra que, aun así, sigas confiando en mí. Habida cuenta de mi infidelidad, no deberías darme ni una sola gracia más, pero hazme humilde y seré también fiel.

Es indudable que el que permanece en la humildad permanece también en la fidelidad a Dios, porque quien es humilde entrega a cada uno con justicia lo que le debe y, ante todo, le entrega a Dios todo lo que es suyo, es decir, le da gloria por todo aquello en que es bueno, por todo lo bueno que tiene y por todo lo bueno que hace. Como dice Beda el Venerable, "si encontramos en nosotros cualquier bien, atribuyámoselo a Dios y no a nosotros"[237].

70. Agradecer al Señor los beneficios que hemos recibido y continuamente recibimos de Él es un ejercicio excelente para adquirir humildad, porque el agradecimiento hace que reconozcamos quién es el que nos ha dado todos los bienes. Sabiendo que debemos ser siempre humildes ante Dios, San Pablo nos anima a acordarnos de darle gracias por todo y en todo momento: *en todo dad gracias*[238] y *dando gracias siempre y por todo*[239].

No obstante, conviene recordar que un auténtico acto de humildad y agradecimiento no debe realizarse únicamente con la boca, sino también con el corazón, conscientes de que todo bien proviene de la misericordia de Dios. Cuando un pobre recibe una limosna considerable de un rico, se lo agradece con todo tipo de palabras cordiales de reconocimiento: se asombra de que el rico se haya dignado hacerle ese regalo y reconoce que

---

[237] *Ut, si quid nobis boni inesse deprehendimus, non nobis sed Deo adscribamus* (San Beda el Venerable, citado en Santo Tomás de Aquino, *Catena aurea*, sobre el cap. 5 de San Juan).
[238] 1Tes 5,18.
[239] Ef 5,20.

no lo merecía y que lo recibe por pura bondad del donante, con el que siempre estará en deuda. Habla con el corazón, porque conoce su pobreza y la amable generosidad del rico que se ha dignado ayudarle.

El agradecimiento que nosotros tenemos a Dios debería ser, como mínimo, igual al que le muestra un hombre a otro. ¿No deberíamos avergonzarnos de que haya seres humanos que tengan más humildad al tratar con sus semejantes que nosotros al tratar con Dios?

Con todo mi corazón te agradezco, Dios mío, tantos dones que me has regalado sin mérito alguno por mi parte, únicamente por tu bondad, y por los que no te he dado gracias hasta ahora. Mi soberbia ha hecho que no te agradeciera todo como debía y que disfrutara de tus dones como si no proviniesen de ti. Aborrezco esa soberbia y, con tu ayuda, me acordaré siempre de darte gracias. *Bendeciré al Señor en todo tiempo*[240]. Te alabaré, bendeciré y agradeceré siempre tus misericordias por los siglos de los siglos: *cantaré eternamente las misericordias del Señor*[241].

71. Lo importante es que nuestro corazón sea humilde, porque esa es la humildad que Cristo desea ante todo. En vano ponemos en hora las manecillas exteriores del reloj si no ajustamos también su mecanismo interior y, del mismo modo, de nada sirve intentar vestirse y comportarse con humildad si no hay auténtica humildad en el corazón.

Debemos aplicar las palabras del Salvador: *¡fariseo ciego, limpia primero el interior de la copa para que también quede limpia por fuera!*[242].
 Aprendamos la enseñanza de Santo Tomás, que dice que "de la humildad interior provienen señales en forma de palabras,

---

[240] Sal 33,1.
[241] Sal 88,1.
[242] Mt 23,26.

obras y gestos, con las que se pone de manifiesto lo que está oculto en el interior"[243].

Es necesario reconocer esta verdad que se repite varias veces en la Escritura: que la humildad del corazón es un don particular de Dios y nadie puede lograrla por sus propias fuerzas, *a no ser que Dios la conceda*[244]. Esta verdad, sin embargo, no nos servirá de excusa ante el tribunal del Juez eterno si no hemos practicado la humildad, porque se nos ha enseñado cómo obtenerla, a saber, con la perseverancia en la oración. Si no queremos utilizar ese medio y pedir a Dios la humildad, seremos culpables por nuestra falta de humildad.

Pedid, dice Cristo en el Evangelio, *y recibiréis*[245]. Si queréis algo de mí, pedidlo y os escucharé. ¿Acaso podría tener un precio menor esta virtud que simplemente pedírsela con insistencia a Dios? No dejemos nunca de pedirla y la recibiremos. Y, una vez que la hayamos obtenido, en el mismo instante en que el corazón se haga humilde, también serán humildes nuestros ojos, palabras, gestos y actos e incluso todos nuestros pensamientos, porque *del corazón salen los pensamientos*[246].

72. A menudo nos lamentamos de no poder oración a causa de las múltiples distracciones que impiden que tengamos el necesario recogimiento de espíritu y que secan la devoción del corazón, pero en esto no tenemos razón ni sabemos lo que decimos. La mejor oración no es aquella en la que nos sentimos más concentrados y fervorosos, sino la oración en la que más humildes somos, porque está escrito que *la oración del humilde*

---

[243] *Ex interior dispositione humilitatis procedunt signa in verbis et factis et gestibus, quibus id, quod interius latet, manifestatur* (Santo Tomás de Aquino, Suma Teológica, II-II, c. 161, art. 6).
[244] Sb 8,21.
[245] Jn 16,34.
[246] Mt 15,19.

atraviesa las nubes[247]. ¿Y qué distracciones de la mente o del corazón pueden impedir que seamos humildes?

Precisamente las ocasiones en que sintamos menos ganas de rezar y mayor tibieza son los momentos adecuados para ser más humildes. ¿Cómo? Diciendo: Señor, no soy digno de estar aquí, hablando en confianza contigo; no merezco la gracia de hacer oración, porque la oración es un don especial que sueles conceder a tus amigos. Me basta ser tu siervo y servirte solo en esto: estar aquí espantando las distracciones como si fueran moscas, porque las moscas no acuden al agua que está hirviendo, sino al agua tibia, y todas estas distracciones me vienen por mi gran tibieza. ¡Una oración estupenda!

Así rezó el rey Josías y fue escuchado por el Señor: *porque te has humillado en presencia del Señor, yo te he escuchado, dice el Señor*[248]. Así rezó también en su angustia el rey David: *me humillé y me salvó*[249]. Cuanto más se enaltece el alma y más le agrada su propia meditación, más se eleva Dios también, apartándose de ella. *El hombre elevará su corazón y Dios se alzará*[250]. ¿Deseamos que Dios esté cerca de nosotros? Humillémonos, como dice San Agustín: "¿quieres que Dios se acerque a ti? Humíllate, pues tanto más se elevará por encima de ti cuanto más te enaltezcas tú"[251].

73. No son pocos los que, cuando tienen que confesarse, se angustian y afligen porque no saben cómo hacer para tener dolor de los pecados e intentan lograrlo haciendo esfuerzos con el pensamiento y golpeándose el pecho. Esto no es más que soberbia, porque creen que pueden lograr el dolor de los

---

[247] Si 35,21.

[248] Cf. 2Cro 34,27.

[249] Sal 114,6.

[250] Cf. Sal 63,7-8.

[251] *Vis tibi propinquet Deus? Humilia te; nam tanto a te erit altior, quanto tu elatior* (San Agustín de Hipona, *Comentarios a los Salmos*, 137).

pecados por sus propias fuerzas. ¿Queréis el verdadero dolor de los pecados? Sabed que es un don singular de Dios y, para obtenerlo, no hay nada mejor que humillarse delante de Él.

La humildad crea confianza y Dios no niega sus gracias a quien recurre a Él con humildad y confianza. Decid al Señor: no importa el tiempo que permanezca aquí ni lo que haga para tener dolor de los pecados, porque no puedo lograrlo por mí mismo si Tú no me lo das, Dios mío. No merezco esta gracia, pero Jesucristo la mereció por mí, así que te la pido por sus méritos y espero obtenerla de tu infinita bondad.

Rogad con esta disposición de humildad y seréis escuchados, porque está escrito que Dios *consuela a los humildes*[252] y *atiende las súplicas de los humildes y no desprecia sus peticiones*[253]. El dolor de contrición, por el que se santifica el alma, es una de las mayores gracias que Dios nos puede dar, de modo que pretender recibirlo sin haberlo pedido con humildad es presunción, temeridad y soberbia.

74. Puede surgir en nosotros una duda sobre este asunto, al pensar que para obtener la gracia de la humildad necesitamos pedírsela a Dios y para ser escuchados por Dios necesitamos rogarle con humildad. ¿Cómo se puede pedir con humildad si precisamente esa humildad es lo que no tenemos y deseamos tener? No nos perdamos en especulaciones que son inútiles en la práctica. El Señor quiere que actuemos *con sencillez de corazón*[254].

Hay algunas virtudes que Dios, independientemente de cualquier disposición nuestra, nos ha infundido en el alma por medio del santo Bautismo. "Principalmente por infusión, a través del Bautismo", dice Santo Tomás[255]. Es el caso, por

---

[252] Cf. 2Co 7,6.
[253] Sal 101,18.
[254] Sb 1,1.
[255] *Principaliter ex infusione per Baptismum* (Santo Tomás de Aquino, *Comentario al libro IV de las Sentencias, dist. 4, c. 2, art. 2, c. 3*).

ejemplo, de la fe, pero también de la humildad, que necesitamos para creer y pedir como se debe. Ejercitemos, pues, esta humildad primera e infusa en nuestras oraciones y, usándola bien, conseguiremos también lo otra, que es virtud evangélica y necesaria para la salvación y que no puede obtenerse sin nuestra cooperación.

La oración, dice San Agustín, es lo propio del que sabe que es pobre y está necesitado: "la oración solo es propia de los menesterosos"[256]. Debemos conocer y confesar ante Dios nuestra pobreza y necesidad, y con esa confesión ejercitaremos la humildad. Quien es verdaderamente pobre no necesita que le enseñen que la limosna hay que pedirla humildemente. Su propia necesidad hace de maestra. ¿Cómo no vamos a tener con Dios esa humildad que tan bien sabe tener un hombre con otro hombre?

75. Para discernir lo que corresponde a Dios y lo que nos corresponde a nosotros, basta darse cuenta de que, una vez que quitamos todo lo que es de Dios, a nosotros no nos queda nada. Entonces podemos decir, con verdad, como el salmista: *me he quedado reducido a la nada*[257]. Resulta indudable que, en nosotros, todo aquello que es más que nada es de Dios y Dios puede retirar todo lo que es suyo cuando le parezca mejor, sin que con ello nos haga ninguna injusticia. ¿De qué nos podemos gloriar, pues, si Dios podría quitarnos todo en el mismo instante en que nos gloriamos de ello?

Quien se gloría de las riquezas que tiene puede convertirse rápidamente en pobre; quien se gloría de su salud puede sufrir una enfermedad repentina; quien se gloría de sus conocimientos puede enloquecer de forma súbita, y quien se gloría de su santidad puede caer en algún grave pecado en un instante.

---

[256] *Oratio non est nisi indigentium* (San Agustín de Hipona, *Comentarios a los Salmos*, 26).
[257] Sal 72,22.

¿Acaso no es vanidad y locura, por lo tanto, gloriarse de aquello que en verdad no nos pertenece ni podemos conservar por nuestras propias fuerzas? *¿Qué tienes que no hayas recibido?*[258]. Pensar en esto nos ayuda a ser humildes e incluso se podría decir que la auténtica humildad depende de profundizar en ello con seriedad.

Alma mía, serás humilde si, como dice el Señor a través del profeta, *separas lo precioso de lo vil*[259]. La esencia de la humildad consiste en saber discernir en mí lo que es de Dios y lo que es mío. De Dios es todo el bien que hago y yo no tengo nada mío más que la propia nada. ¿Qué era yo en el abismo de la eternidad? Mera nada. ¿Qué hice yo o qué pude haber hecho para salir de esa nada? Nada. Si Dios no me hubiese creado, ¿dónde estaría? En la nada. Si Dios no me conservase en todo momento en la existencia, ¿dónde volvería? A la nada. Por lo tanto, no tengo nada que sea mío más que la nada.

Del mismo modo, en el plano moral, no tengo nada mío más que mi maldad. Cuando hago el mal, eso es todo mío; cuando hago el bien, eso es todo de Dios. El mal es obra de mi maldad y el bien obra de la misericordia de Dios. Así separamos lo precioso de lo vil. Este es el arte de las artes, la ciencia de las ciencias y la sabiduría de los santos.

76. Imaginemos a un amo que tiene muchos asnos, para que cada uno transporte su propia carga, según necesite el amo. Uno de los asnos recibe una carga de oro; otro, una de libros de filosofía, matemáticas, teología o derecho; el tercero, de armas de guerra; el cuarto, de vasos sagrados y ornamentos litúrgicos; el quinto, de relicarios que contienen preciosas reliquias de santos, y así cada uno de ellos.

---

[258] 1Co 4,7.
[259] Jr 15,19.

Imaginemos ahora que estos animales tuvieran intelecto y pudieran hablar entre ellos. ¿Es que no sería vano y ridículo que el asno cargado de oro se complaciese de sus riquezas, que el cargado de libros se gloriase de su sabiduría y que los siguientes se estimaran y quisieran ser estimados por su valentía militar, su venerable ministerio eclesial o su espíritu de santidad? Sin duda alguna sería ridículo, porque las nobles cargas son del amo y no del borrico. El amo podría cargar con estiércol al asno que anteriormente cargó con oro y otras cargas preciosas. Siendo el amo, podría quitar la carga a cualquiera de sus asnos cuando le pareciera más oportuno, de manera que todo el mundo pudiera ver lo que hay en realidad bajo la carga: un pobre asno. Imaginémonos también, con San Agustín, a aquel burrito sobre el que montó Jesucristo cuando la multitud lo aclamó con ramas de olivo, gritando *hosanna al hijo de David, hosanna*[260]. ¿Quién sería tan necio como para pensar que esos honores eran para el burrito? No alababan al asno, sino a Cristo, que estaba montado en el asno. "¿Acaso alababan al asno? ¿Acaso decían hosanna al asno? El burrito llevaba a alguien y las alabanzas se destinaban al que era llevado por el burrito"[261]. Apliquémonos esto a nosotros mismos, diciendo al Señor con David, *me hice como un animal de carga ante ti*[262], y sea cual sea el objeto de nuestra soberbia, recordemos esta comparación para ejercitar la humildad.

77. Enseña Santo Tomás[263] que este deseo que tenemos de ser estimados, alabados, respetados y honrados puede considerarse un efecto del pecado original que, como la concupiscencia, persiste en nosotros incluso después del bautismo. El Señor ha

---

[260] Mt 21,9.

[261] *Nunquid laudabatur iumentum illud? Nunquid iumento dicebatur hosanna? Asellus portabat; sed ille qui portabatur, laudabatur* (San Agustín de Hipona, *Comentarios a los Salmos*, 33).

[262] Sal 72,23.

[263] Cf. Santo Tomás de Aquino, I-II, c. 84, art. 2.

dispuesto que la concupiscencia y ese deseo permanezcan para que tengamos ocasión de mortificarnos y, con esa mortificación, ganemos el reino de los cielos.

No debemos asombrarnos ni entristecernos cuando sentimos en nosotros esos instintos, porque son propios de la naturaleza corrompida y un resto de aquella tentación de la serpiente a nuestros primeros padres: *seréis como dioses*[264]. Por lo tanto, lo diré otra vez, son debilidades y miserias de la humanidad que hay que soportar con paciencia. Si esos deseos llegan a dominarnos de forma temeraria e insolente, es porque nosotros los hemos fomentado y nos hemos enviciado con ellos. Cuando contraemos un mal hábito, solo nosotros mismos podemos deshacerlo y a nosotros nos corresponde mortificarlo.

Cristo nos mandó que pusiésemos en práctica esta abnegación y mortificación mediante la humildad cuando dijo: *quien quiera venir en pos de mí, que se niegue a sí mismo*[265]. La conclusión que debo sacar es esta: si no me niego a mí mismo con humildad (es decir, no ahogo este amor propio y este deseo de ser estimado), no podré seguir a Jesucristo, lo que conlleva quedar privado de su gracia y excluido para siempre de su gloria.

Para llevarlo a cabo, sin embargo, tendré que hacerme violencia, una violencia necesaria, según lo que está escrito: *el reino de los cielos sufre violencia y los violentos lo arrebatan*[266]. ¿Quién podrá salvarse sin hacerse violencia a sí mismo?

78. Apliquemos nuestro oído a las puertas del infierno y escucharemos la voz de los condenados para siempre, que exclaman: *¿de qué nos ha servido nuestra soberbia?*[267]. ¿Qué beneficio o qué utilidad nos ha aportado? Todo pasó y se desvaneció como una sombra y, ahora, en estas desgracias, no

---

[264] Gn 3,5.
[265] Mt 16,24.
[266] Mt 11,12.
[267] Sb 5,8.

nos queda más que la confusión perpetua de haber sido soberbios.

De nada vale ese arrepentimiento, porque es el arrepentimiento de los desesperados. En cambio, nosotros, mientras aún estamos a tiempo, reflexionemos y digamos con seriedad: ¿de qué me sirve y de qué me servirá mi soberbia? Me convierte en odioso para el cielo y para la tierra y, si no me esfuerzo en mortificarla, pronto hará también que me odie a mí mismo por toda la eternidad en el infierno.

Alcemos los ojos al cielo y, en la contemplación de los santos, digamos: he aquí de qué les sirvió a ellos su humildad. ¡Qué gran gloria han conseguido por su humildad! Ahora los mundanos insensatos consideran que la humildad es un abajamiento deshonroso, digno de improperios y burlas, pero llegará el día en que esos mismos mundanos se verán obligados a devolver su buena fama a la virtud y a decir, al contemplar la gloria de los humildes: *he aquí que han sido contados entre los hijos de Dios*[268].

Si soy humilde, yo también recibiré esa gloria con la que Dios exalta a los humildes. Humilla Tú, Dios mío, esta locura de la soberbia, que me domina. *Aumenta la fuerza en mi alma*[269], porque *me abandonan las fuerzas*[270] y no puedo hacer nada sin tu ayuda. En ti pongo toda mi confianza y te ruego que me ayudes. *Soy desgraciado y pobre. Dios mío, ayúdame, porque Tú eres mi auxilio y mi liberador. Señor, no tardes*[271].

79. A nadie le gusta que le consideren soberbio. También hablando como habla el mundo, lo peor que puede decirse de un hombre es que es un soberbio. No obstante, casi ninguno se esfuerza por no ser eso que no quiere que le llamen.

---

[268] Sb 5,5.
[269] Cf. Sal 137,3.
[270] Sal 37,11.
[271] Sal 69,6.

Si nos agrada interiormente que nos consideren humildes, aunque no lo seamos realmente, ¿por qué, en el nombre de Dios, no intentamos ser humildes de verdad, ya que nos gusta parecerlo? Si nos importa tanto la apariencia o la sombra de la humildad, ¿qué significa que no nos preocupemos con más empeño de tener la auténtica virtud de la humildad?

¿Acaso hay comerciantes que prefieran las perlas y gemas falsas a las auténticas y preciosas? Así actúa el que disfruta de las apariencias y la fama de ser virtuoso sin preocuparse de serlo en realidad. Alma mía, quizá tú misma actúas así también, siendo soberbia mientras aborreces que te consideren soberbia y deseas que te crean humilde. Eso es mentir a tu propia conciencia y mentir a Dios, a los ángeles y a los hombres, para los cuales te has convertido en un espectáculo, como dice San Pablo[272].

¡Qué vergonzoso es tener más interés en parecer humildes que en serlo! En algunas ocasiones puede ser necesario practicar la humildad exterior, pero debemos estar vigilantes para no desear ser tenidos por humildes. Por ello, son más útiles los actos ocultos de humildad oculta que los otros. Si desear que los demás conozcan la humildad que uno cree que tiene es un acto de soberbia, ¿qué será el desear que nos estimen por una humildad que sabemos que no tenemos? Tengamos cuidado de que no se nos aplique lo que dice la Escritura: *hay quien se humilla con maldad y su corazón está lleno de engaño*[273].

80. Todas las reflexiones que hagamos sobre el gran bien de la humildad deben dirigirse a suscitar en nosotros el amor por ella. Para el alma, es natural amar el bien que reconoce como tal y, por lo tanto, no hay duda de que amaremos más la humildad cuanto más seamos conscientes del gran bien que es en sí misma y en sus efectos.

---

[272] Cf. 1Co 4,9.
[273] Si 19,23.

A medida que conocemos el bien, lo amamos y, cuanto más lo amamos, más deseamos conseguirlo y, cuanto más lo deseamos, más nos esforzamos en buscar y emplear los medios más adecuados y eficaces para conseguirlo. Así hizo el autor del Libro de la Sabiduría para obtener la sabiduría: la amó, la deseó y oró y se aplicó a hacer todo para poseerla, debido a la gran estima en que la tenía. *Pedí y supliqué y tuve en nada las riquezas en comparación con ella y la estimé más que la salud y la hermosura*[274].

Conviene entender bien esta enseñanza. No nos aplicaremos de verdad a obtener la humildad si no deseamos de verdad conseguirla, no la desearemos si no la amamos y no la amaremos si no nos damos cuenta de que es un bien grandísimo y absolutamente necesario para nuestra salvación eterna.

Examina por un momento cuánto estimas la humildad. ¿La amas? ¿La deseas? ¿Qué haces para ser humilde? ¿Pides a Dios esta virtud en tus oraciones? ¿Recurres a la intercesión de la bienaventurada Virgen María? ¿Lees libros que tratan sobre la humildad? ¿O las vidas de los santos que destacaron por su humildad? Hay una cierta voluntad, dice Santo Tomás, que "más bien debe llamarse veleidad que voluntad absoluta"[275], por la cual parece que uno quiere algo, pero a la vez no lo quiere. Considera si ese deseo de humildad que dices tener es verdadera voluntad o más bien veleidad.

81. Para ser humildes, tenemos que conocernos a nosotros mismos y es verdaderamente difícil tener este conocimiento propio a causa de nuestra soberbia, cuyo primer efecto es cegarnos.

Por lo tanto, para obtener la virtud de la humildad, primero hay que combatir y abatir el vicio opuesto de la soberbia y, para

---

[274] Cf. Sb 7,7.10.

[275] *Magis est dicenda velleitas quam absoluta voluntas* (Santo Tomás de Aquino, *Suma Teológica*, III, c. 21, art. 4).

vencer a esta, después de rogar al Señor con la valerosa Judit, *acaba, Señor, con la soberbia*[276], nos hacen falta tres cosas.

La primera es, a fuerza de reflexiones, concebir odio y aborrecimiento contra nuestra soberbia, porque todos los males del alma son de tal naturaleza que no se curan mientras sigamos amándolos. La segunda es tomar la firme decisión de enmendarnos cueste lo que cueste, porque, se mire como se mire, merece la pena. La tercera es aplicarse de inmediato a enmendar los hábitos de soberbia más evidentes y a los que estamos más acostumbrados. He dicho "de inmediato" porque, cuanto más tardemos, más se fortalecerán esos hábitos y la lucha contra ellos se hará más difícil. *Y dije: ahora, ahora empiezo*[277].

No debemos perder el ánimo. Ante todo, encomendémonos a Dios, que es lo más importante, *y Él actuará*[278]. Es Dios quien tiene sujeta la multitud de nuestras pasiones con su gracia y ahí está nuestra esperanza para domar también la soberbia, diciendo con el rey David: *mi bienhechor, mi alcázar, mi fortaleza y mi liberador, mi escudo; confío en Él, que me somete los pueblos*[279].

82. Es agradable dedicarse a corregir un vicio cuando estamos convencidos de que, después de enmendarnos, se reconfortará nuestra alma. ¿Y acaso no es cierto que, si corregimos nuestra soberbia, que es la causa de tantas inquietudes, seremos más felices?

Por naturaleza, sentimos aversión hacia las personas soberbias y no podemos tenerles afecto. Este mismo instinto de aversión a los soberbios que tenemos lo tienen también los demás con respecto a nosotros, porque *la soberbia es odiosa*[280]. En ocasiones nos lamentamos de que otros no nos quieran o estimen.

---

[276] Cf. Jdt 9,12.

[277] Sal 76,11.

[278] Sal 36,5.

[279] Sal 143,2

[280] Si 10,7.

Examinemos la razón y encontraremos que siempre es nuestra soberbia.

¿Es que no vemos el afecto que suelen despertar los humildes? Todos quieren conversar con ellos, confían en ellos y les desean lo mejor. Así harían también con nosotros si fuésemos humildes y qué felices seríamos amando a todos y siendo amados por todos. Puede parecer que esto es un respeto humano, pero es más bien un respeto de la caridad, que proviene de Dios y se ajusta a su voluntad. La humildad está revestida de los mismos signos que la caridad, la cual, como dice San Pablo, *es paciente, servicial, no es envidiosa, no se engríe, no es ambiciosa...*[281]. No es difícil encontrar en la humildad las intenciones virtuosas de la caridad.

83. Puesto que la soberbia es la raíz de los demás vicios, si corrigiéramos aquella, sin que nos demos cuenta se corregirían también los demás vicios. Esta es la verdadera razón por la que nos confesamos siempre de los mismos pecados: nuestro vicio principal es la soberbia, pero no nos esforzamos por desarraigarlo.

Cuando un árbol produce todos los años higos y otro árbol produce siempre manzanas, no nos maravillamos, porque cada árbol produce siempre los mismos frutos. De igual modo, la soberbia es como un árbol enraizado en nuestro corazón y hace que en la confesión repitamos siempre los pecados de ira, envidia, maledicencia, odio, aversión y juicios temerarios, que son frutos de la soberbia. Como no cortamos de raíz la soberbia, en cuanto arrancamos esos pecados vuelven a brotar. Ocupémonos de desarraigar la soberbia, como aconseja San Bernardo: "poned el hacha en la raíz"[282]. Así no tendremos en nuestra conciencia más que gran alegría y consuelo.

---

[281] Cf. 1Co 13,4-5.

[282] *Securim ponite ad radicem* (San Bernardo de Claraval, *Sermones sobre la Asunción*, 2).

Debemos considerar este vicio como el rey de los demás vicios y aprovechar el astuto consejo que dio aquel rey de Siria a sus capitanes de no combatir contra insignificantes soldados, sino ir a por el rey: *no luchéis contra cualquiera, sino solo contra el rey*[283]. Así lo hizo Judit y, al vencer al soberbio Holofernes, venció a todo el ejército asirio. Así lo hizo David, que triunfó sobre todos los filisteos al triunfar sobre el soberbio Goliat. Así triunfaremos nosotros también, porque al superar el vicio de la soberbia superaremos todos los otros vicios.

En una cosa se equivocó David: a pesar de que sabía que Absalón era el jefe de los rebeldes, mandó que lo dejaran con vida y no lo mataran, diciendo *respetad por amor mío la vida de mi hijo Absalón*[284]. ¡Cuántos imitadores tiene en esto! Sabemos que la soberbia es la jefa de nuestras pasiones rebeldes y, a pesar de ello, la respetamos y de algún modo tenemos miedo de ofenderla y nos esforzamos por mantenerla viva.

84. Hay algunos pecados de los que casi nunca nos acusamos en la confesión, ya sea porque nuestra conciencia es demasiado laxa y relajada o por el escaso deseo de corregirnos que tenemos. La soberbia es uno de esos pecados y son poquísimos los que se acusan de ella. No obstante, quien de verdad quiere enmendarse debe acordarse de la soberbia en el examen de conciencia y en la confesión para detestarla con arrepentimiento y decidirse a no volver a caer en ella.

Quien desea hacer una buena confesión no solo cuenta al confesarse sus pecados, sino también las causas y las ocasiones que han dado lugar a ellos. Por ejemplo: me acuso de haberme complacido en pensamientos impuros, a los que yo mismo he dado ocasión por mi imprudencia al mirar, al coquetear o al conversar. Así debe hacerse también en el tema que nos ocupa: diciendo, por ejemplo: me acuso de haberme enfadado y

---

[283] 1R 22,31.
[284] 2S 18,5.

disgustado con mis prójimos y la causa de mi ira, mis disgustos y mis suspicacias fue solo mi soberbia; me acuso de haber envidiado y robado las cosas de otro para complacer mi propia vanidad y mi soberbia; me acuso de haber hablado con desprecio de mi prójimo y lo he hecho por soberbia y porque no soporto ser menos que nadie. Examinemos de esta forma todas nuestras culpas, según lo que dice la Escritura: *el espíritu altivo precede a la ruina*[285] y *antes de que le llegue la ruina, el corazón del hombre se engríe*[286].

Para domar la soberbia, es bueno mortificarla y confundirla con estas acusaciones, que son actos de la virtud de la humildad, pero también hay que insistir en corregirse, porque *¿de qué le sirve al hombre humillarse, si vuelve a hacer lo mismo?*[287]. No basta confesarse, como dice la Escritura, sino que conviene también enmendarse para que Dios tenga misericordia de nosotros: *quien confiese sus faltas y las abandone, recibirá misericordia*[288].

85. Santo Tomás enseña que la humildad del corazón no tiene límites, porque siempre podemos humillarnos aún más ante Dios, hasta la mera nada, y también humillarnos ante los demás. En las humillaciones exteriores, en cambio, conviene hacer uso de discreción y buen juicio, para no hacer extravagancias que puedan convertirse en un vicio. "La humildad", dice Santo Tomás, "reside principalmente en el alma y, por ello, el hombre puede someterse a otros con actos interiores, según lo que enseña San Agustín: ante Dios el prelado debe colocarse a vuestros pies, pero en los actos de humildad exterior conviene observar la debida moderación"[289].

---

[285] Pr 16,18.

[286] Pr 18,12.

[287] Si 34,31.

[288] Pr 28,13.

[289] *Humilitas praecipue in anima consistit: et ideo potest homo secundum interiorem actum alteri se subiicere; et hoc est quod Augustinus dicit: Coram Deo praelatus substratus sit pedibus vestris, sed in exterioribus humilitatis*

En todas las condiciones de vida debemos actuar con profunda humildad, pero no en todas las condiciones conviene llevar a cabo todos los actos exteriores de humillación. Por ello dice la Escritura: *ten cuidado no seas engañado para caer en la necedad y quedes humillado*[290].

Podemos aprender de la piadosa Ester a practicar la humildad del corazón también entre las pompas y los honores exteriores: *Tú conoces mi necesidad*, le decía a Dios, *y que aborrezco la señal de mi encumbramiento*[291]. Me visto así, con estos adornos y joyas, porque mi posición me lo exige, pero Tú ves mi corazón, Señor, y sabes que por tu misericordia no tengo ningún apego a estas pompas ni a estos atuendos, sino que solo los utilizo por pura necesidad. ¡Esta es la humildad interior bien practicada en medio de grandezas exteriores!

Este es el punto, sin embargo: que la humildad de corazón debe ser auténtica ante Dios, cuyos ojos descubren con perspicacia los escondrijos más oscuros del corazón. Si no tenemos esa humildad, ¿qué excusa daremos ante el tribunal de Dios por no haberla tenido? Ahora es fácil conseguir tenerla, entonces será inexcusable no haberla tenido.

86. La malicia de la soberbia consiste propiamente en el desprecio práctico de Dios que conlleva no querer obedecerle. Por ello, como dice San Agustín, en todo pecado siempre hay soberbia, "con la que despreciamos los mandatos de Dios"[292]. San Bernardo explica que "Dios quiere que se haga su voluntad", pero el pecador "soberbio quiere que se haga la suya"[293]. Con esta soberbia se agrava terriblemente el pecado,

---

actibus est debita moderatio adhibenda (Santo Tomás de Aquino, *Suma Teológica*, II-II, c. 161, art. 3).

[290] Si 13,10.

[291] Est 14,16.

[292] *Qua Dei praecepta contemnimus* (San Paulino de Aquilea, *Libro de la exhortación*, cap. 19; este libro se atribuía antiguamente a San Agustín de Hipona).

por la gran malicia que supone conocer intelectualmente que Dios merece ser obedecido por nosotros, pero empeñarse en no querer obedecerle. ¡Qué gran malicia hay en decir a Dios, *no serviré*[294], a pesar de que *todas las cosas le servirán*[295]!

Para entender esto, imaginémonos una persona dotada de las mejores cualidades del mundo, como la salud, la belleza, la riqueza, la nobleza, los conocimientos y la sabiduría, con multitud de dones de la naturaleza y de la gracia, tanto en el alma como en el cuerpo. Después, poco a poco, quitemos de esa persona todo lo que es de Dios: la salud y la belleza son de Dios; la riqueza y la nobleza, dones de Dios; los conocimientos, la sabiduría y todas las virtudes, dones de Dios; el cuerpo y el alma, todo de Dios. ¿Qué le queda entonces a esa persona que sea suyo? Solo la nada, porque todo lo que es más que nada es de Dios.

En cambio, cuando esa persona dice de sí misma "yo tengo riquezas, salud y conocimientos", etc., ¿qué quiere decir con "yo"? Nada. ¿Y aun así este "yo", esta nada, que ha recibido todo su ser de Dios, se atreve a despreciar al mismo Dios, desobedeciendo sus soberanos mandamientos y diciéndole (si no con las palabras ciertamente con sus actos, lo que es aún peor): *no serviré*, no, no quiero obedecer? ¡Qué gran soberbia!

Alma mía, *¿por qué se engríe tu espíritu contra Dios?*[296] ¿Acaso no tengo razón al sugerirte y recomendarte tanto la humildad? Cada vez que pecas, te pareces al soberbio Faraón y, como él, cuando se trata de obedecer los mandamientos de Dios, dices: *¿quién es ese Señor? No conozco al Señor*[297].

---

[293] *Vult Deus suam voluntatem fieri, et superbus vult fieri suam* (San Bernardo de Claraval, *Sermones sobre la Natividad del Señor*, 4).
[294] Jr 2,20.
[295] Sal 118,91.
[296] Job 15,13.
[297] Ex 5,2.

87. El engaño está en que pensamos demasiado en lo que se suele llamar honor, estima y reputación del mundo. Aunque el mundo entero me alabe y me honre, mi virtud y mi mérito no crecen por ello ni un ápice. Por otro lado, aunque todo el mundo me vitupere, tampoco pierdo nada de lo que tengo o soy en mí mismo.

A la luz de la vela que tendré en la mano en la hora de mi muerte, conoceré la vanidad y la verdad. ¿De qué me servirá entonces haber sido estimado y honrado por todos los hombres si soy culpable en conciencia ante Dios? Si un caballero tuviera el talento de conseguir que el rey le apreciase y de crearse una reputación entre los grandes de la corte, sería un necio si perdiera el tiempo en buscar la estima de sus lacayos y de los obreros de la plaza y se complaciera en esa mísera estima. Mucho más necio es el cristiano que ambiciona gloriarse y complacerse en los honores y alabanzas de los hombres cuando podría merecer los honores y alabanzas de Dios y de toda la corte celestial de ángeles y santos. Teniendo en cuenta que, con la humildad, podemos complacer a Dios, a los ángeles y a los santos, ¿no es miserable esa soberbia por la que solo buscamos la alabanza, la estima y la aprobación de los hombres? ¿Es que no nos dice la Escritura que solo *es aprobado aquel a quien el Señor recomienda*[298]?

Pensar en la muerte ayuda a tener humildad y también la humildad ayuda mucho a tener una buena muerte. Santa Catalina de Siena, poco antes de morir, sintió la tentación de complacerse y gloriarse vanamente en su propia santidad y respondió a la tentación diciendo: doy gracias a Dios porque, en toda mi vida, no he sentido ninguna vanagloria. ¡Qué hermoso es poder decir en el lecho de muerte "ninguna vanagloria"!

---

[298] 2Co 10,18.

88. Incluso aunque admitiésemos que la estima y la reputación del mundo son importantes simplemente porque las deseamos y amamos en nuestro corazón, de ello tendríamos que deducir el valor de la virtud de la humildad, ya que nos permite ofrecer al Señor esa reputación, es decir, algo que nos importa mucho.

El voto de castidad suele considerarse heroico, porque sacrifica a Dios los placeres sensibles de nuestro cuerpo. También se consideran heroicos el martirio, que ofrece a Dios la propia vida en sacrificio de holocausto, o el repartir los propios bienes a los pobres. La reputación, sin embargo, la consideramos más preciosa que las posesiones materiales, los placeres sensibles o la propia vida del cuerpo, porque a menudo ponemos todo esto en peligro por causa de esa reputación. Así pues, ofreciendo a Dios con humildad nuestra reputación, le ofrecemos lo que más valoramos.

Este es un auténtico *sacrificio de suave olor a Dios*[299]. Con frecuencia, los que viven en el mundo pueden ganar más méritos con la humildad del corazón que los que viven en los monasterios con la pobreza y la castidad. La práctica de la humildad es la que hace aparecer en nosotros esa *nueva criatura*, sin la cual, como nos dice San Pablo, *de nada valen la circuncisión o la incircuncisión*[300]. Es decir, de nada sirve ser religioso o seglar si uno no es humilde.

La humildad sin virginidad puede complacer a Dios, pero la virginidad sin humildad no. Así fueron rechazadas las cinco vírgenes necias, "por la vanidad de la soberbia"[301], como dice San Agustín. Incluso la Santísima Virgen María complació a Dios por la virginidad, pero mereció ser su Madre por la

---

[299] Si 45,20.
[300] Ga 6,15.
[301] *Vanitate superbiae* (expresión usada varias veces por San Agustín de Hipona, en las *Confesiones*, lib. 5, cap. 5; *Sermones*, 50; carta 232).

humildad, como enseña San Bernardo: "por la virginidad complació a Dios, por la humildad le concibió"[302].

89. Una persona soberbia cae con gran facilidad en pecados graves y enormes, y, después de haber caído, tiene una gran dificultad para acusarse de esos pecados en el sacramento de la confesión. En efecto, aprecia demasiado su propia estima y reputación y, como teme perderlas en la opinión del confesor, en lugar de revelar sus pecados prefiere hacer una confesión sacrílega. Busca quizá un confesor que no la conozca para evitar la vergüenza, pero, si no se avergonzó de pecar, ¿de dónde nace ahora esa vergüenza para confesar el pecado? De la soberbia.

Repréndete más bien a ti misma, alma mía, diciendo: no tengo humildad y por eso tampoco tengo auténtico dolor de los pecados, porque la contrición y la atrición son imposibles para un corazón que no se humilla. No tengo humildad y por eso no soy capaz de acusarme como es debido y sin excusas de mis pecados.

Pídele a Dios la humildad y, a medida que el corazón vaya haciéndose humilde, sentirá dolor por las ofensas que ha cometido contra Dios. La humildad del corazón rebosará hasta la boca, que ya no tendrá tanta dificultad en explicarse, porque, como dice la Escritura, *quien hiere el corazón, revela el sentimiento*[303].

Es la soberbia la que hace que callemos los pecados en la confesión y que intentemos cubrirlos con tantas excusas. ¡Maldita soberbia, causa de tantos sacrilegios!

¡Bendita humildad! El rey David fue humilde en su penitencia y no se excusó, sino que se acusó públicamente; no culpó a otros de su pecado, sino solamente a su propia malicia: *soy yo quien ha pecado*[304]. María Magdalena fue humilde en su penitencia y no

---

[302] *Virginitate placuit, humilitate concepit* (San Bernardo de Claraval, *Sermones sobre la Anunciación*, 1).
[303] Si 22,24.

buscó a Jesucristo en un lugar secreto, sino en la casa del fariseo, donde compareció como una pecadora en presencia de todos los invitados. San Agustín fue humilde en su penitencia y reveló por escrito sus pecados ante el mundo, para su propia vergüenza.

90. Nos resulta difícil entender que no somos nada y que todo se lo debemos a Dios, sin reservarnos ninguna cosa para nosotros. ¿Es que el esfuerzo, la diligencia y la cooperación de nuestra voluntad no son auténticamente nuestros? Lo son, pero, si quitamos las iluminaciones, las ayudas y las gracias de Dios, ¿qué nos queda de todo eso? Nuestras acciones solo son meritorias si Jesucristo las convierte en sobrenaturales. Es Él quien las eleva, las ennoblece y las dignifica, porque por sí mismas nunca podrían merecer la eternidad de la gloria.

La forma en que la gracia mueve la libertad del hombre es un misterio que aún no conocemos bien, pero no hay duda de que, si vamos al cielo, deberemos nuestra salvación únicamente a la misericordia de Dios. *Cantaré eternamente las misericordias del Señor*[305]. Podemos decir con plena convicción, junto con el santo rey David, que nuestra humanidad es más débil, frágil e insignificante de lo que alcanzamos a imaginar, porque, en el ser que hemos recibido de Dios, tras el pecado de Adán sufrimos ignorancia en el intelecto, debilidad en la razón, malicia en la voluntad, desorden en las pasiones y corrupción y miseria en el cuerpo. No tenemos nada de lo que gloriarnos y en todo podemos encontrar razones para humillarnos. *Humíllate en todo*[306], dice el Espíritu Santo; no solo en alguna cosa, sino en todo.

91. La santa humildad es enemiga de ciertas sutiles especulaciones. Decís que no acabáis de entender cómo podéis ser nada en el ser y en el obrar, porque sabéis que sois algo y

---

[304] 2S 24,17
[305] Sal 88,2.
[306] Si 3,20.

hacéis muchas cosas; decís que no acabáis de entender cómo podéis ser los mayores pecadores de todos cuando conocéis a muchos que son más pecadores que vosotros o en qué sentido sois dignos de todos los vituperios del mundo si sabéis que no hacéis muchas cosas dignas de culpa y sí muchas dignas de alabanza.

Este intento de comprenderlo todo con vuestro entendimiento es señal de que estáis muy lejos de la humildad. El que es verdaderamente humilde cree y sabe internamente que no es más que mera nada y que es el más pecador de todos, inferior a todos y digno de ser vituperado por todos como el más desagradecido de los siervos de Dios. Sabe que esto es verdad y no se preocupa de investigar cómo. Es un conocimiento práctico y no pretende ni sabe, ni tampoco le importa, explicar con sutiles especulaciones lo que sucede en su corazón, del mismo modo que no podría explicar cómo ve el ojo, habla la boca o escucha el oído.

De esto podemos deducir que no hace falta tener grandes talentos y cualidades para ser humilde de corazón. Por eso, ante el tribunal de Dios, no servirá la excusa de decir "no he sido humilde porque no sabía, no entendía o no había estudiado". Se puede tener buena voluntad y buen corazón sin tener buena cabeza. Además, ¿acaso hay alguien que no pueda entender que todos los bienes que tenemos proceden de Dios y nadie tiene de propio más que su propia maldad? *La perdición es tuya, Israel*, dice Dios por el profeta, *tu única ayuda está en mí*[307].

92. Así como la humildad es un poderoso medio para resistir la tentación, las tentaciones son un buen medio para mantener la humildad. Cuando nos vemos tentados, conocemos en la práctica nuestra debilidad y la necesidad que tenemos de recibir la ayuda divina.

---

[307] Os 13,9.

Esa es la razón por la que el Señor permite las tentaciones y que a veces estemos a punto de caer en ellas, de modo que aprendamos la debilidad de nuestra virtud y la gran necesidad que aún tenemos de recibir los auxilios del cielo. Resultan admirables la sabiduría y la providencia de Dios, que han dispuesto que los mismos demonios, que son espíritus soberbios, contribuyan a hacernos humildes a condición de que reflexionemos sobre nosotros mismos cuando nos vemos tentados.

Por lo tanto, cuando estemos tentados acordémonos ante todo de ejercitar la humildad del conocimiento práctico de nosotros mismos, reflexionando sobre nuestra tendencia al mal y sobre lo fácil que nos resultaría caer en él si Dios no alargara su mano y nos sostuviera con su gracia. No esperemos a conocer nuestra debilidad después de haber caído: conozcámosla antes y el hecho de conocerla será un medio eficaz para no caer en la tentación. *Toma la medicina antes de estar enfermo; humíllate*[308].

A los humildes nunca les falta la gracia en cualquier tentación que sufran y, con la ayuda de la gracia, se benefician mucho de la tentación, porque así lo ha dispuesto la providencia misericordiosa de Dios, que, mediante una ayuda especial, *con la tentación dará la victoria*[309].

93. Esforcémonos por adquirir la santa humildad y si, con la ayuda de Dios, llegamos a poseerla en el grado que requiere nuestro estado en la vida, o bien adquiriremos sin darnos cuenta también las demás virtudes o la humildad nos bastará para suplir todo aquello que nos falte.

Muchos desean la virtud de la castidad, la caridad, la mansedumbre, la paciencia o alguna otra virtud que necesitan más y querrían saber qué deben hacer para obtenerla, de modo

---

[308] Si 18,20-21.
[309] 1Co 10,13.

que consultan aquí y allá a diferentes directores espirituales para aprender cuáles son los mejores medios, pero pocos son los que tienen la debida prudencia en la elección de esos medios.

¿Queréis saber cuál es el medio más eficaz para conseguir cualquier virtud? Comenzad por esforzaros en lograr la humildad, apoyaos en ella y veréis que las demás virtudes llegarán solas, sin que os fatiguéis en buscarlas. Así podréis decir, llenos de alegría, *todos los bienes me vinieron con ella*[310]. Y cuando por vuestra debilidad os veáis deficientes en cualquier otra virtud, humillaos y con la humildad compensaréis esa carencia.

Algunos se angustian porque se distraen al rezar. Esa angustia procede de la soberbia, que se sorprende y se asombra de la debilidad de su mente. Más bien, en cuanto veáis que os habéis distraído, haced un acto de humildad: Dios mío, que débil soy; ni siquiera valgo para estar atento un momento. Renovad ese acto de humildad en vuestro interior cuando se repita la distracción. Lo que enseña la Escritura sobre la caridad, que *cubre la multitud de los pecados*[311], también es cierto de la humildad y contribuye a nuestra perfección. "El mismo conocimiento de la imperfección es una confesión humilde"[312], dice San Agustín.

94. Tenemos más ocasiones de practicar la humildad que de ninguna otra virtud. Son innumerables las ocasiones que tenemos de humillarnos en nuestro interior en todo lugar y momento, en cualquier encuentro, con respecto a Dios, al prójimo o a nosotros mismos.

Con respecto a Dios y teniendo en cuenta que recibimos continuamente los dones de su infinita bondad, cuánto deberían

---

[310] Sb 7,11.

[311] 1P 4,8.

[312] *Ipsa imperfectionis cognitio est in humilitate confessio* (paráfrasis de San Agustín de Hipona, *Réplica a las dos cartas de los pelagianos*, lib. 3, cap. 7).

avergonzarnos nuestra inconsciencia y nuestra ingratitud. Conociendo su suprema e infinita majestad, que merece el mayor respeto, y su suma e infinita bondad, que merece ser amada, cuánto debería humillarnos el ver nuestra falta de temor de Dios y de amor a Él.

Con respecto a nuestro prójimo, si es malo, podemos humillarnos pensando que nosotros somos capaces de caer más bajo que él en un instante e incluso que podemos considerarnos peores que él cuando nos domina la soberbia. Si es bueno, podemos humillarnos igualmente, pensando que responde mejor que nosotros a la gracia de Dios y que es mejor que nosotros porque hay en su corazón más humildad que en el nuestro.

Con respecto a nosotros mismos, tampoco nos faltan oportunidades de humillarnos, ya sea al recordar el pasado, por los pecados cometidos, al pensar en el presente, por nuestras caídas frecuentes y por la imperfección de nuestras buenas obras, o al mirar al futuro, tan lleno de una tremenda incertidumbre para nosotros. *Sé cómo abajarme, en todo lugar y en todo momento*[313], dice San Pablo. Necesitamos adquirir el buen hábito de renovar frecuentemente los actos de humildad interior. La humildad es un hábito virtuoso y ¿cómo vamos a adquirir ese hábito sin practicar los actos de humildad correspondientes? De igual modo que el hábito malo de la soberbia se forma multiplicando los actos de soberbia, el hábito de la humildad se consigue con multitud de actos de humildad. Además, a medida que va fortaleciéndose el hábito de la humildad por la repetición de los actos de humildad, el hábito contrario de la soberbia se va debilitando.

95. Lucifer solo pecó una vez de soberbia, con el pensamiento. ¿No deberíamos considerarnos peores que el mismo Lucifer,

---

[313] Flp 4,12.

puesto que nuestra soberbia se ha convertido en habitual por la repetición frecuente de los actos individuales de soberbia? Pensamos que no somos soberbios y, por lo tanto, nos parece que nuestro espíritu no es tan temerario como para igualarnos a Dios o rebelarnos contra Él. Este es el gran engaño que destruye nuestra vida: estamos llenos de soberbia, pero creemos que no somos soberbios.

Basta que consideremos nuestras acciones. Aunque no tengamos la soberbia de pensar, intrigar o hablar contra Dios, hay una soberbia práctica que es peor que la soberbia de pensamiento y que San Pablo detestaba: *dicen que conocen a Dios, pero sus acciones le niegan*[314].

¿Cuánto nos amamos a nosotros mismos? ¿Controlamos nuestras pasiones por amor a Dios, como Él mismo nos mandó? ¿Cuántas veces preferimos nuestra propia voluntad a la de Dios y, al querer algo que Dios no quiere, nos colocamos en competencia con Él y queremos vencerle, porque valoramos más la satisfacción de nuestra voluntad que la obediencia debida a la voluntad de Dios?

¿Es que no es esta una soberbia peor que la de Lucifer? A fin de cuentas, Lucifer solo quiso hacerse igual a Dios, mientras que nosotros nos atrevemos a poner nuestra voluntad por encima de la misma voluntad de Dios. Debes humillarte, alma mía, hasta ponerte por debajo del propio Lucifer, sabiendo que eres más soberbia que él.

96. Nos asemejamos a los que, por sufrir alguna enfermedad, tienen un aliento repugnante. Todo el que se les acerca siente el olor que escapa de su boca, pero ellos no lo notan, sino que son los únicos que no se sienten asqueados por su propio hedor. De la misma forma, nosotros estamos corrompidos por dentro a causa de la soberbia y esa corrupción se manifiesta

---

[314] Tt 1,16.

exteriormente con toda claridad en palabras, gestos, comportamientos y de otras mil formas, de manera que todos los que se acercan a nosotros conocen nuestra soberbia y solo nosotros no nos damos cuenta de ella.

Si los que me conocen piensan que soy un soberbio, no se engañan, porque así lo manifiesto a través de mi vanidad, mi susceptibilidad, mi arrogancia y mi altanería. Soy el único que no sabe cómo soy en realidad, sino que me alabo con un incienso que es aún más maloliente que mi propio mal olor, diciendo: ¿soberbio yo? ¡Claro que no!

97. Es necesario saber distinguir en el Evangelio lo que solo es un consejo y lo que es un precepto obligatorio. Por ejemplo, renunciar a todos los bienes y hacerse pobre por amor a Dios es un consejo. Renunciar a uno mismo y ser pobre de espíritu es un precepto. Igualmente, ciertas humillaciones exteriores serán solo aconsejables, pero la humildad del corazón siempre es un precepto y, como ocurre con todos los preceptos de Dios, no solo es posible cumplirlos, sino que la gracia hace que ese cumplimiento sea fácil y agradable. ¡Cuántas ocasiones estupendas tienen los seglares de hacerse santos simplemente practicando esta humildad! Basta reformar el corazón de un hombre mundano y hacerlo cristiano para convertirlo en un santo.

A veces, en el interior del corazón nacen pensamientos como este: he conseguido esta fortuna con mis conocimientos y mi trabajo; he logrado esta reputación o este mérito con mi propia valía, mi virtud o mi ánimo. En esas ocasiones, basta elevar el corazón a Dios y repetir lo que dice la Escritura: *¿cómo podría subsistir algo si tu no lo quisieras?*[315]. ¿Cómo podría hacer incluso la cosa más insignificante, Dios mío, si Tú no lo quisieses así?

---

[315] Sb 11,26.

Esta es la verdadera humildad y en ella hay auténtica sabiduría y santidad. El alma tiene tanta santidad como humildad, porque tiene tanta santidad como gracia y tanta gracia como humildad, ya que la gracia solo se concede a los humildes. De todo corazón te pido la humildad, Dios mío: *renueva mis entrañas con espíritu firme*[316].

98. El motivo más apremiante y grave para que intentemos ser humildes es el ejemplo de nuestro Señor Jesucristo, que vino del cielo a la tierra para enseñarnos la humildad que tanto necesitábamos. Solo con ella se puede curar nuestra soberbia, que es la causa de todos nuestros males y el mayor obstáculo en el camino hacia la salvación eterna. "Por lo tanto, Cristo", dice Santo Tomás, "nos recomendó ante todo la humildad, porque especialmente por medio de ella se retira el impedimento para la salvación humana"[317]. Y, de hecho, nos ha enseñado a ser humildes del mejor modo posible, no de forma teórica, sino práctica.

Si contemplamos la vida de nuestro Señor Jesucristo desde el pesebre hasta el Calvario, veremos que toda ella rebosa humildad. En varias ocasiones, afirmó en el Evangelio que no había venido a hacer su voluntad, sino la del eterno Padre, ni a buscar su propia gloria, sino la del Padre, y cumplió lo que había dicho. Habría podido glorificar la divina majestad de otras muchas formas, pero, con infinita sabiduría, eligió la humillación, por ser la senda más adecuada y conveniente para rendir a Dios el honor que le había arrebatado nuestra soberbia humana.

¡Qué humildad mostró al nacer en un establo entre dos animales, siendo el rey de la gloria! ¡Qué humildad al someterse

---

[316] Sal 50,12.

[317] *Ideo Christus praecipue nobis humilitatem commendavit, quia per hanc maxime removetur impedimentum humanae salutis* (Santo Tomás de Aquino, *Suma Teológica*, II-II, c. 161, art. 5).

a la circuncisión como los pecadores, siendo la inocencia misma! ¡Qué humildad al huir a Egipto de la persecución de Herodes, como si no supiese o pudiese salvarse más que huyendo! ¡Qué humildad al someterse con obediencia a María y José, siendo el amo del universo! ¡Qué humildad al llevar una vida oculta, necesitada y de pobreza, cuando habría podido gozar de lo mejor! ¡Con qué humildad recibió calumnias y afrontas en recompensa de la verdad que predicaba y los milagros que hacía, sin lamentarse de la injusticia con que le trataban!

Si hubiéramos podido ver el interior de su corazón, habríamos descubierto que su humildad no era obligada, sino voluntaria. Así sucedió todo *porque Él mismo lo quiso*[318]. Así quiso humillarse para que nosotros lo imitáramos. *Os di ejemplo*, nos dice a todos, *para que lo que yo hice lo hagáis también vosotros*[319]. Os di ejemplo para que aprendierais a humillaros, como yo mismo me humillé de corazón. ¿No nos bastarán tantos ejemplos de un Dios hecho hombre y humillado para que deseemos ser humildes? "Avergüéncese el hombre de su soberbia", dice San Agustín, "porque por él Dios se hizo humilde"[320].

99. ¿Hay alguna lección de humildad que no podamos aprender de la sagrada pasión del Señor? Dice San Pedro que *Cristo sufrió por vosotros, dejándoos un ejemplo para que sigáis sus huellas*[321]. Nuestro Señor no pretende que lo imitemos siendo también azotados, coronados de espinas o clavados en la cruz, sino que, durante toda su vida, especialmente en la pasión, va repitiendo la misma enseñanza fundamental: que aprendamos de Él a ser humildes. *Aprended de mí, que soy manso y humilde de corazón*[322].

---

[318] Is 53,7.
[319] Jn 13,15.
[320] *Iam tandem erubescat homo esse superbus, propter quem factus est humilis Deus* (San Agustín de Hipona, *Comentarios a los Salmos*, 18).
[321] 1P 2,21.
[322] Mt 11,29.

Alma mía, contempla al Crucificado, que *soportó la cruz sin miedo a la ignominia*[323], compara tu soberbia con su humildad y llénate de vergüenza y confusión. ¿Crees que es bueno admirar la humildad de Jesús crucificado y no querer imitarla? ¿O pretender seguir a Cristo, cuya doctrina entera está cimentada en la humildad, y considerar esa misma humildad con aversión y aborrecimiento?

Oímos decir y predicar muchas veces que quien quiera salvarse debe imitar al Salvador, pero ¿en qué creemos que consiste esta imitación, que es obligatoria para nosotros y sin la cual no podemos salvarnos? Está muy bien decir que necesitamos imitar a Cristo, pero ¿imitarlo en qué, si no es en la humildad, que es la suma de todas sus enseñanzas y del ejemplo de su vida?

El humilde Crucificado será nuestro juez y su humildad es el signo de estar destinados a la salvación, si la imitamos, o a la condenación, si la rechazamos. Conviene que lo tengamos en cuenta.

El eterno Padre no propone a todos los hombres que imiten a su Hijo encarnado en todos los misterios de su vida. La imitación de su soledad y austeridad en el desierto está reservada a los ermitaños. Se espera que su predicación sea imitada por los apóstoles y predicadores del Evangelio. En sus milagros solo pueden imitarlo los que ha elegido para colaborar con Él en suscitar la fe. En los sufrimientos y la agonía del Calvario solo pueden imitarle, como un privilegio, los mártires.

En cambio, la humildad del corazón practicada por Jesucristo durante toda su vida se nos propone a todos y todos estamos obligados a imitarla. De hecho, Dios ha vinculado nuestra salvación eterna a esa imitación y podemos suponer que Jesucristo hablaba de esto cuando tenía ante sí a aquel niño

---

[323] Heb 12,2.

mencionado en el Evangelio: *si no os hacéis como niños, no entraréis en el reino de los cielos*[324].

100. Después de Jesucristo, el rey de los humildes, el mejor ejemplo de humildad que tenemos es la bienaventurada Virgen María, que es la reina de los humildes. Ninguna creatura ha superado sus méritos y, sin embargo, ninguna ha sido más humilde que ella. Por la humildad mereció ser Madre de Dios y solo con la humildad mantuvo el decoro y el honor de su excelsa maternidad.

Imaginaos a María en su habitación de Nazaret, cuando el arcángel Gabriel le anunció que había llegado el tiempo de que el Verbo eterno se encarnara en su seno por obra del Espíritu Santo. Ella no dio ninguna señal de complacerse en sí misma por haber sido bendecida entre todas las mujeres y elegida para una dignidad tan grande, sino que se sonrojó y *se turbó ante aquellas palabras*[325], sin poder entender que hubiera sido elegida para tan gran honor. Dijo: ¿Yo, Madre de Dios? ¿Yo, humildísima criaturilla, Madre de Dios? Yo soy su sierva e incluso es demasiado honor para mí ser su esclava: *he aquí la esclava del Señor*[326]. Así se humilló todo lo que podía humillarse y en esa profunda humildad se mantuvo durante toda su vida, comportándose siempre como sierva del Señor, sin atribuirse la más mínima gloria por ser su Madre. ¡Qué magnífico ejemplo nos dio!

Por lo tanto, si tenemos devoción a nuestra Señora, debemos procurar imitarla en la humildad. En todas las oraciones, comuniones y mortificaciones con que la honremos, pidámosle siempre que con su intercesión nos obtenga la gracia de la santa humildad. No hay ninguna otra gracia que María esté tan dispuesta a pedir a Jesús para sus devotos ni que Jesús esté tan

---

[324] Mt 18,3.
[325] Lc 1,29.
[326] Lc 1,38.

dispuesto a conceder a María como la humildad, porque ambos aprecian de forma singular esta virtud.

Encomendémonos a su intercesión y confiemos en ella, rogándole, por el amor que tiene a la humildad, que nos haga humildes con la auténtica humildad del corazón y no dudemos que nuestros ruegos serán escuchados y nuestros deseos serán atendidos.

Alma mía, con humildad se va al paraíso. Y, en el paraíso, ¿qué haremos? Allí cesará la práctica de las otras virtudes y solo se seguirán practicando la caridad y la humildad. Contemplaremos a Dios y, al contemplarlo, sabremos que es el sumo bien; al conocerlo perfectamente, lo amaremos perfectamente y, cuanto más lo conozcamos, más lo amaremos; cuanto más amemos a Dios, más lo conoceremos y, cuanto más lo conozcamos, más humildes seremos y practicaremos así la humildad durante toda la eternidad, como los ancianos que el apóstol San Juan vio en el Apocalipsis, que *se postraban y adoraban, diciendo: te damos gracias, Señor Dios omnipotente, el que eres, el que eras y el que has de venir*[327]. Comencemos a practicar en la tierra las virtudes que esperamos practicar en el cielo por los siglos de los siglos.

Nuestro Señor Jesucristo se humilló a sí mismo, obedeciendo hasta la muerte y una muerte de cruz: por eso Dios lo ensalzó y le dio el nombre sobre todo nombre[328].

Líbrame, Señor, del malvado, guárdame del hombre violento[329]. ¿Quién es ese malvado, ese hombre violento del que ruego al Señor que me libre? Es mi hombre interior, el hombre viejo, corrompido y soberbio. Es lo mismo que decir: líbrame, Señor, de mí mismo. Es decir, dame la gracia de corregirme y

---

[327] Cf. Ap 4,10; 11,17; 1,8.
[328] Flp 2,8-9.
[329] Sal 139,2.

reformarme para que ya no sea el hombre terreno, mundano y soberbio que he sido hasta ahora, dominado por las pasiones, sino que me renueve conforme al espíritu de humildad de mi Señor Jesucristo. *Líbrame, Señor, del malvado, guárdame del hombre violento.*

OREMOS

Señor, que resistes a los soberbios y das tu gracia a los humildes, otórganos la virtud de la verdadera humildad, que tu único Hijo mostró al mundo como ejemplo para los fieles, de modo que no nos ensalcemos y merezcamos tu ira, sino que nos sometamos a ti y recibamos los dones de tu gracia. Por nuestro Señor Jesucristo, tu Hijo, que vive y reina contigo en la unidad del Espíritu Santo y es Dios por los siglos de los siglos. Amén[330].

---

[330] *Deus, qui superbis resistis, et gratiam praestas humilibus: concede nobis verae humilitatis virtutem, cuius in se formam fidelibus Unigenitus tuus exhibuit: ut numquam indignationem tuam provocemus elati, sed potius gratiae tuae capiamus dona subiecti.*

Examen de conciencia sobre la virtud de la humildad

101. Una vez que has entendido la necesidad y la excelencia de la humildad, además de sus motivos, quiero creer que también se habrá suscitado en tu corazón el buen deseo de conseguirla. No obstante, ya que en esto no puedes hacer nada sin una ayuda especial de Dios y Dios no quiere hacer nada en ti sin ti, es decir, sin la cooperación de tu voluntad, aún queda que, después de pedir el auxilio divino sin dudar que lo recibirás, pongas en práctica los medios más adecuados para obtener esta virtud.

Todos los maestros de la vida spiritual están de acuerdo en que es particularmente eficaz hacer cada día un examen de conciencia específico sobre la virtud a la que aspiramos, así que voy a describir cómo hacer un examen de conciencia sobre la humildad cristiana con el fin de dar un poco de luz. Además, para que puedas utilizarlo adecuadamente, te daré tres consejos.

El primero es que, al hacer al menos una vez al día este examen para corregir las faltas que puedas haber cometido contra la humildad, no debes examinar en cada ocasión todas las faltas que hayas notado, sino que conviene que comiences eligiendo una o dos de las más evidentes que acostumbres a cometer. Así, después de que te acostumbres a corregirlas, te irás ocupando de otras en el examen hasta que, poco a poco, se extirpe la soberbia y se enraíce la humildad.

Esta también es la manera en que debemos realizar nuestra meditación. Las resoluciones generales de no ser soberbio y querer ser humilde no sirven de nada, sino que suelen crear confusión y conflictos espirituales. Es necesario descender a las faltas particulares que más cometemos ordinariamente durante el día y, con respecto a ellas, tampoco resulta útil una amplia resolución de no volver a caer en toda nuestra vida, sino más bien la resolución de guardarnos diligentemente de ellas durante ese día.

Así lo hacía el santo rey David, haciendo el propósito de no pecar y renovando esa resolución y procurando mantenerla no cada año ni cada mes, sino día a día: *renovaré mis votos día tras día*[331]. Y, para ayudar a mantener esos propósitos, no hay nada mejor que imponerse alguna penitencia y llevarla a cabo fielmente. Por ejemplo: todas las veces que hoy incumpla mi resolución, besaré la llaga del costado de Jesucristo y recitaré devotamente otras tantas avemarías.

El segundo consejo es tomar estas mismas faltas que aparecen en nuestro examen de conciencia y acusarnos de ellas en la confesión, de modo que nos avergoncemos más de nuestra soberbia ante Dios y el sacramento de la Penitencia nos otorgue su gracia propia y singular como ayuda para enmendar esas culpas en particular, como enseña Santo Tomás[332]. Aunque algunas de esas faltas sean más bien imperfecciones que pecados, eso no significa que no debamos hacer caso de ellas, porque tienen el efecto de mantenernos en el vicio de la soberbia y son un obstáculo para conseguir la virtud de la humildad.

Cuando se trata de la humildad, que es virtud necesaria para nuestra salvación eterna, siempre es mejor tener de más que de menos. De hecho, no llegaremos a conseguir la virtud necesaria

---

[331] Sal 60,9.

[332] Cf. Santo Tomás de Aquino, *Suma Teológica*, III, c. 84; *y Cuestiones quodlibetales*, 3, art. 18.

si nos contentamos con tenerla solo en el grado estrictamente necesario. *Si no os hacéis como niños pequeños, no entraréis en el reino de los cielos*, dice el Salvador del mundo, y no tenemos otra manera de hacernos como niños pequeños que ir podando nuestro amor propio con el ejercicio de la humildad.

El tercer consejo es que leas a menudo este examen práctico, para reflexionar especialmente sobre ti mismo y reconocer en qué estado se encuentra tu humildad, de modo que no seas de aquellos que creen ser humildes, pero no lo son.

Dice Santo Tomás que lo propio de la humildad es examinar las faltas cometidas contra cualquier virtud. Mucho más cierto será esto cuando se trate de las faltas contrarias a la propia humildad[333].

Hay varias pequeñeces en este examen, pero si encuentras en ti muchas faltas de ese tipo, no debes considerarlas tanto por su magnitud cuanto por su número y ese número debe preocuparte más cuanto más indique que se trata de un hábito.

A medida que descubras que no eres humilde en un aspecto o en otro, ese descubrimiento te indicará que eres soberbio. Si este examen de conciencia sobre la humildad no sirve más que para hacer que conozcas tu soberbia, ya te habrá sido de gran ayuda, porque uno empieza a ser humilde cuando abre los ojos y reconoce que es soberbio.

Muchas cosas consideradas en sí mismas son simples consejos, pero en la preparación del ánimo y con respecto a una circunstancia concreta pueden ser obligatorias, por resultar necesarias para no transgredir un precepto, según la enseñanza de Santo Tomás[334].

Ante todo, no debes realizar este examen de conciencia escrupulosamente o con angustia, como si cualquier defecto

---

[333] Santo Tomás de Aquino, *Suma Teológica*, II-II, c. 35, art. 1.
[334] Santo Tomás de Aquino, *Suma Teológica*, I-II, c. 72, art. 3 y c. 186, art. 2.

fuera pecado y como si tuvieras la presunción de ser humilde en todo inmediatamente. Por otro lado, tampoco debes despreciar lo que no sea obligatorio.

Es bueno que tengas deseo y urgencia de alcanzar la humildad, junto con la diligencia y solicitud de utilizar los métodos oportunos para conseguirla. Después, encomendándote a Dios, sigue haciendo este examen de conciencia como Dios te inspire y te diga tu propia conciencia.

Puesto que la humildad se puede considerar bajo tres aspectos (frente a Dios, frente al prójimo y frente a nosotros mismos) y se puede practicar de dos formas (interior y exterior), se deduce que es posible cometer faltas bajo esos tres aspectos y de esas dos formas, ya sean de pensamiento, palabra, obra u omisión, al igual que sucede con cualquier otra virtud. Pasemos al examen de conciencia.

Examen de conciencia sobre la humildad ante Dios

102. El primer acto de la humildad, dice Santo Tomás[335], consiste en someternos por completo a Dios con la máxima reverencia por su infinita majestad, ante la cual no somos más que mera nada: *todos los pueblos, como si no fueran, así son ante Él*[336]. ¿Consideras esta nada tuya con respecto a Dios? ¿Y que todo lo que tengas lo has recibido de Dios? ¿Y que necesaria y esencialmente dependes tanto de Dios que sin Él no puedes hacer nada de bueno? *Sin mí no podéis hacer nada*[337]. ¿Y que sin Dios no puedes decir ni pensar ni querer nada bueno?

Esto es de fe. *Nadie puede decir "Jesús es Señor" si no es por obra del Espíritu Santo*[338]. *No es que por nosotros mismos seamos capaces de pensar cosa alguna como propia nuestra, sino que nuestra capacidad viene de Dios*[339]. *Pues es Dios quien obra en vosotros el querer y el obrar según su beneplácito*[340]. Aunque no basta con decir que uno ya sabe todo esto, este conocimiento es necesario para humillarse de hecho.

Puesto que la humildad tiende principalmente a someter el alma a Dios, como enseña Santo Tomás[341], el Doctor Angélico, esta

---

[335] Santo Tomás de Aquino, *Suma Teológica*, II-II, c. 161, art. 2 y c. 162, art. 5.
[336] Is 40,17.
[337] Jn 15,5.
[338] 1Co 2,3.
[339] 2Co 3,5.
[340] Flp 2,13.
[341] Santo Tomás de Aquino, *Suma Teológica*, II-II, c. 161, art. 5.

virtud es la más próxima a las virtudes teologales. Del mismo modo que no basta saber qué cosas se deben creer o esperar, sino que conviene también realizar actos de fe o de esperanza, también debemos realizar actos de humildad.

Cristo nos enseñó la humildad del corazón y el corazón no debe quedarse ocioso, sino realizar los actos apropiados. ¿Qué actos realizas de humildad ante Dios? ¿Con qué frecuencia? ¿Cuánto tiempo ha pasado desde la última vez que realizaste uno de esos actos de humildad?

Sería absurdo esperar recibir el premio prometido a los humildes sin ser humildes, querer ser humildes sin realizar actos de humildad o pretender tener humildad del corazón sin que el corazón se humille. ¡Qué tontería! ¿De verdad eres tan necio como para creer que eso es posible?

A veces, salen de tu boca palabras de humillación, diciendo que eres un pobre miserable y que no vales para nada, pero ¿son palabras sinceras, salidas del corazón? Si tienes miedo de mentir confirmándolas en tu interior, recuerda que Santo Tomás enseña que cualquiera puede decir y creer con toda verdad que es un miserable en cuanto a lo que proviene de sí mismo, atribuyendo a Dios todas sus capacidades y logros[342].

103. ¿Cómo se llevan a cabo, en la práctica, estos actos de humildad frente a Dios? Daré algunos ejemplos. Puedes imaginarte en presencia de Dios como un malhechor condenado, que se humilla para implorar clemencia y el perdón de sus delitos: *apiádate de mí, Señor, por tu gran misericordia*[343]. O como un pobre mendigo, necesitado de todo, que se humilla para pedir caridad en auxilio de su necesidad: *danos hoy nuestro pan de cada día*[344]. O como aquel paralítico de la piscina de

---

[342] Santo Tomás de Aquino, *Suma Teológica*, II-II, c. 161, art. 6.
[343] Sal 50,1.
[344] Mt 6,11.

Betesda, que se humilló ante el Salvador para ser curado de su enfermedad incurable: *Señor, no tengo a nadie que me ayude*[345]. O como aquel ciego que se humilló para que se iluminaran sus tinieblas: *Señor, que vea*[346]. O como la cananea, que se humilló al exclamar *ten misericordia de mí, Señor, ayúdame*[347] y no se avergonzó de compararse a un perro, indigno de comer el pan blando de sus amos y contento de recibir las migas que caían de la mesa. La humildad del corazón es ingeniosa y, del mismo modo que nuestro corazón ama sin que haya que enseñarle a amar, también se humilla sin que haya que enseñarle a humillarse.

104. Hay ciertos casos en los que nuestra obligación es realizar actos de virtud, como por ejemplo actos de fe, esperanza y caridad, porque así lo exigen alguna necesidad en esas circunstancias o los deberes de nuestro estado de vida. En ocasiones, estos actos deben ser de humildad en nuestro corazón.

En primer lugar, hay que humillarse al dirigirse a Dios con oraciones para obtener alguna gracia, porque el Señor no atiende ni escucha ni suele conceder sus gracias más que a los humildes. *Dios contempla a los humildes*[348]. *Le complace la oración de los humildes*[349]. *Da su gracia a los humildes*[350]. ¿Te acuerdas de ejercitar esta humildad cuando recurres a Dios para obtener de Él cualquier gracia del cuerpo o del alma?

Al rezar y especialmente al recitar el padrenuestro, estamos hablando con Dios. ¿Cuántas veces, al decir tus oraciones, hablas a Dios con menos respeto que a cualquier ser humano?

---

[345] Jn 5,7.
[346] Lc 18,4.
[347] Mt 15,22.
[348] Sal 137,6.
[349] Jdt 9,16.
[350] St 4,6.

¿Cuántas veces estás en la iglesia, que es la casa de Dios, y escuchas las predicaciones sobre la palabra de Dios y asistes al culto de Dios sin un mínimo de reverencia? La humildad del corazón, según Santo Tomás, está acompañada por la reverencia exterior y las faltas contra esa reverencia exterior son faltas contra la humildad y un pecado de soberbia, "la cual excluye la reverencia"[351].

105. Cuanto más necesaria nos resulta la gracia que pedimos a Dios, más necesitamos también la humildad. Antes de presentarte ante el tribunal del sacramento de la Penitencia, ¿te humillas pidiendo a Dios el dolor de tus pecados que es necesario para la validez del sacramento? Ese dolor debe ser sobrenatural, de manera que no puedes lograrlo por tus propias fuerzas por mucho que te afanes y te esfuerces. Solo te lo puede dar Dios y no es algo que esté obligado a darte, sino una inmensa gracia que se complace en concederte por pura bondad y sin ningún mérito por tu parte.

Por lo tanto, si quieres recibir esa gracia, debes pedirla con humildad, reconociendo de corazón que no la mereces y eres indigno de recibirla, pero confiando en obtenerla por los méritos de Jesucristo. ¿Cómo practicas esta humildad, que puede considerarse de precepto para ti, por ser un medio necesario para obtener el dolor de los pecados?

106. Lo mismo se puede decir del propósito de la enmienda, que es igualmente necesario para que la confesión sea válida. El propósito de la enmienda debe ser constante y eficaz, pero no puede serlo sin una ayuda especial de Dios. ¿Te acuerdas de humillarte para suplicar esta ayuda, conociendo y confesando tu debilidad y falta de firmeza y que, por tus propias fuerzas, no eres capaz ni de mantener el más pequeño propósito de la mañana a la noche o de una hora a la siguiente?

---

[351] *Quae excludit reverentiam* (Santo Tomás de Aquino, *Suma Teológica*, II-II, c. 161, art. 2).

A esto se debe que vuelvas a caer al poco tiempo en los mismos pecados, a que no tienes humildad. El hombre verdaderamente humilde no confía en sí mismo, sino que pone toda su confianza en Dios y, por ello, recibe su ayuda admirable: *humíllate ante Dios y espera de su mano*[352].

Cuántas veces te dices a ti mismo que has hecho un firme propósito y lo mantendrás sin miedo a romperlo, confiando inicuamente en ti mismo, sin reconocer de ningún modo la necesidad de la ayuda divina. Ten cuidado, no vayas a ser contado con los malvados, *que fueron destruidos por confiar en su propia fuerza*[353]. Por poco que presumas de ti mismo, ese poco puede ser razón de una gran ruina, según la predicción de Job: *se ensalzaron por un instante y no resistirán, quedarán humillados*[354].

107. ¿Cómo practicas la humildad en el acto mismo de la confesión sacramental? La confesión es el momento en que más deberías humillarte, como reo en presencia del juez: *humilla tu alma ante el presbítero*[355]. Es un consejo del Espíritu Santo.

¿Cuántas veces te las ingenias para comparecer como si fueras inocente en el mismo acto de acusarte de ser culpable, ya sea excusando tus pecados, ocultando y atenuando su malicia o echando la culpa a otros en vez de a ti mismo? Se trata de auténticas faltas contra la humildad y de una humildad que no es un consejo, sino un precepto. Más bien debes decir, con David: *confesaré al Señor mi culpa*[356]. La vergüenza que sientes al decir los pecados con claridad y sencillez solo proviene de la soberbia.

108. Hay algunos que, con el pretexto de realizar actos de humildad, querrían acusarse de vez en cuando en sus

---

[352] Si 13,9.
[353] Cf. Si 16,8.
[354] Job 24,24.
[355] Si 4,7.
[356] Sal 31,5.

confesiones de pecados graves y vergonzosos de su vida pasada. Si eres uno de ellos, ten mucho cuidado no sea que trates más bien de parecer humilde que de ser humilde. El amor propio es astuto y sabe trabajar en secreto.

Este defecto fue descubierto por San Bernardo: "la confesión se vuelve más peligrosa y dañina cuanto más sutilmente vana es, a saber, cuando revelamos sin temor nuestras acciones vergonzosas no por ser humildes, sino porque queremos parecerlo. ¿Qué puede haber más perverso e indigno que hacer que el guardián de la humildad, que es la confesión, se convierta en soldado de la soberbia?"[357].

Este tipo de humildad tampoco es conveniente fuera de la confesión, porque es fácil que resulte escandaloso contar ciertos pecados que no deberían ni nombrarse. Si tienes una falta, no es motivo de orgullo, sino de vergüenza. "¿Qué tipo de jactancia es esta", dice el mismo santo abad, "con la que quieres parecer mejor por medio de lo que te hace parecer peor, de modo que no puedas ser considerado santo a no ser que muestres tu maldad?"[358].

109. Después de la confesión, debes recordar los pecados que has cometido, para dolerte, avergonzarte y humillarte ante Dios. ¿Te acuerdas de realizar este acto de humildad? Es una obligación de precepto. "Toda la vida cristiana debe ser una perpetua penitencia", dice el sagrado Concilio de Trento, en el que se congregó toda la Iglesia de Cristo y cuyos dogmas no son menos infalibles en materia moral que en materia de fe[359].

---

[357] *Est confessio eo periculosius noxia quo subtilius vana, cum etiam ipsa turpia de nobis detegere non veremur, non quia humiles sumus, sed ut ese putemur. Quid perversius, indigniusve quam ut humilitatis custos, confessio, superbiae militet?* (San Bernardo de Claraval, *Sermón sobre el Cantar de los Cantares*, 16).

[358] *Quale jactantiae genus ut velis inde videri melior unde videris deterior? Ut non possis putari sanctus, nisi appareas sceleratus?* (San Bernardo de Claraval, *Sermón sobre el Cantar de los Cantares*, 16).

El Concilio dice "debe", que no es una expresión que denote consejo, sino necesidad. Con ello no prescribe penitencias concretas, como azotes, cilicios o ayunos, sino que habla en general y debe entenderse que, aunque quizá no puedas practicar ciertas penitencias exteriores, nunca debes descuidar la penitencia interior, que consiste en la contrición y la humillación del corazón, diciendo con David: *misericordia, Dios mío; contra ti solo pequé; un corazón quebrantado y humillado, Señor, no lo desprecies*[360]. ¿Practicas esta humildad penitente? Son tantos tus pecados y, sin embargo, vives ajeno a ellos, como si fueras inocente.

Acuérdate de la obligación que tienes de pensar a menudo: *¿qué he hecho?*[361]. ¿Qué males he cometido que ofenden a Dios? Ruega al Señor que te dé luz para conocer la gravedad del pecado y tendrás un continuo arrepentimiento, como David, y con él podrás decir: *yo reconozco mi culpa*[362].

110. Aún más necesaria es la humildad para acercarse dignamente a la sagrada Comunión, como nos indica la fe. ¿Realizas los debidos actos de humildad como preparación para este divino sacramento y en acción de gracias por él? Te inclinas y te golpeas el pecho con humildad exterior, diciendo: *Señor, no soy digno*. ¿Tienes, sin embargo, la verdadera humildad del corazón que hace falta para recibir el sacramento?

Zaqueo fue santificado cuando recibió a Jesucristo en su casa, porque se dispuso a recibirlo con profunda humildad y dijo con el corazón lo mismo que dijo aquel centurión con la boca: *Señor, no soy digno de que entres en mi casa*[363]. Este misterio requiere,

---

[359] *Tota vita christiana perpetua debet esse poenitentia* (Concilio de Trento, sesión 14, cap. 9).
[360] Cf. Sal 50,1.6.19.
[361] Jr 8,6.
[362] Sal 50,5.
[363] Mt 8,8.

ante todo, humildad. Cuando el Hijo de Dios entró en el seno de la Virgen María para encarnarse, fue principalmente por su humildad: *ha mirado la humillación de su esclava*[364].

¡Si pensaras que es Dios a quien vas a recibir! ¿Lo piensas, como el mismo Dios te pide que hagas? *Rendíos, reconoced que yo soy Dios*[365].

111. ¿Cómo humillas tu intelecto en cuanto a los misterios de la fe católica? ¿Te dejas llevar por la curiosidad de requerir razones para creer las enseñanzas que propone la Iglesia porque valoras más esas razones humanas que la autoridad divina? En las cuestiones de fe es especialmente necesaria la práctica de la humildad y, cuanto más humildemente creemos, más honramos a Dios con nuestra fe.

La Escritura, después de decir que Dios es glorificado por los humildes, nos exhorta enseguida a humillar nuestra inteligencia en particular: *Dios es glorificado por los humildes. No busques lo que te sobrepasa ni escudriñes lo que supera tus fuerzas, sino piensa siempre en lo que Dios te ha mandado y no seas curioso sobre sus obras*[366]. Cuando se trata de la fe, el Apóstol enseña que no debemos buscar el por qué ni el cómo, sino que conviene que humillemos nuestra propia inteligencia por reverencia a Jesucristo: *doblegando todo entendimiento en obediencia a Cristo*[367]. Esto es necesario.

En particular cuando sufrimos tentaciones contra la fe, es necesario humillarse inmediatamente, sin entrar en argumentaciones ni disputas con el demonio. ¿Eres rápido en hacerlo así? ¿Dices, con David, "no quiero entretenerme con especulaciones sobre *grandezas que superan mi capacidad*[368]"?

---

364 Lc 1,48.
365 Sal 45,11.
366 Si 3,21-22.
367 2Co 10,5.
368 Sal 130,1.

112. Se debe humillar la inteligencia en las cosas que nos está mandado creer, pero no menos debe humillarse la voluntad en las cosas que nos está mandado hacer. En esto consiste principalmente la sustancia de la auténtica humildad. ¿Cómo cumples esto? ¿Te humillas prontamente en la obediencia a los mandatos divinos, convencido de que estás en el mundo para hacer la voluntad de Dios y no la tuya? Al recitar el padrenuestro, ¿con qué espíritu dices a Dios esas palabras: *hágase tu voluntad*[369]? ¿Cuántas veces las dices con la lengua, pero no con el corazón?

113. Cuando te ves tentado de incumplir cualquier mandamiento divino, ¿cómo te comportas? En las tentaciones necesitamos especialmente la humildad. Cada vez que el demonio te tienta de cometer cualquier grave pecado, te está tentando de rebelarte contra Dios, despreciarle y ofenderle. ¿Rechazas la tentación humillándote rápidamente y sometiéndote a Dios? Es entonces cuando debes decir, con el salmista: *¿cómo no va a someterse mi alma a Dios? Mi alma se somete a Dios, porque Él es mi Dios*[370].

Si has caído en un grave pecado, ¿te has humillado rápidamente pidiéndole perdón a Dios con auténtico dolor? ¿Cuánto tiempo has llevado el pecado mortal en el alma? Todo ese tiempo has tenido en nada la gracia de Dios y, con insolente desprecio, no te ha importado estar separado de Él. Has sido como ese pecador del que dijo Job: *Dios le dio un lugar de penitencia y el abusó de ello para ser soberbio*[371].

114. ¿Cómo resignas tu voluntad a la voluntad de Dios en la adversidad? Ese es el momento en que el Espíritu Santo por boca de San Pedro nos manda especialmente que nos humillemos: *humillaos bajo la mano poderosa de Dios*[372].

---

[369] Mt 6,10.
[370] Cf. Sal 61,2.6-7.
[371] Job 24,23.

Todos los problemas y sufrimientos de este mundo han sido ordenados por Dios y los tuyos te los manda Dios precisamente para humillar tu soberbia y mantenerte en la debida humildad. ¿Recibes los problemas con la actitud que corresponde a la intención de Dios, humillándote y diciendo con el salmista *"es bueno que me hayas humillado"*[373]?

El mejor medio para conseguir que Dios nos libre de esos problemas y sufrimientos es humillarse, como muestra la experiencia del rey David: *encontré la tribulación y el dolor; me humillé y el Señor me liberó*[374]. ¿Utilizas este medio, humillándote en los sufrimientos que encuentras y reconociendo que los mereces, entre otras cosas como castigo por tu soberbia?

Dios te manda la adversidad para humillarte y te humilla para que, por medio de la humillación, obtengas la humildad. ¿Qué fruto de humildad has recogido de las adversidades hasta ahora? ¿Puedes decir, como decían Moisés y el pueblo hebreo, *nos alegramos por los días en que nos humillaste*[375]?

115. Si tienes alguna buena cualidad espiritual o corporal y si haces alguna buena obra, ¿reconoces que todo viene de Dios y solo a Dios das la gloria, sabiendo que le corresponde únicamente a Él? *Al único Dios el honor y la gloria*[376]. En esto, dice San Pablo, se distingue el Espíritu de Dios, que es Espíritu de humildad, del espíritu del mundo, que es espíritu de soberbia. Quien ha recibido el Espíritu de Dios reconoce que todo lo que tiene es mero don de Dios. *Nosotros no hemos recibido el espíritu del mundo, sino el Espíritu que viene de Dios, para que conozcamos los dones que Dios nos ha dado*[377].

---

[372] 1P 5,6.

[373] Sal 118,71.

[374] Cf. Sal 114,4.7.

[375] Sal 89,15.

[376] 1Tim 1,17.

[377] 1Co 2,12.

No obstante, ¿de qué sirve este reconocimiento de que todo viene de Dios si no es para atribuírselo todo a Dios y darle gracias por todo? ¿Le das gracias al Señor por tantos beneficios que recibes continuamente de su mano? ¿De corazón, con verdadera humildad, sabiendo que eres tan miserable que caerías en cualquier pecado y en el mismo infierno si Dios no fuese en tu ayuda? *Si el Señor no me hubiera auxiliado, ya estaría mi alma habitando en el infierno*[378].

116. Nada es tan contrario a la humildad como buscar que me estimen por hacer buenas obras. ¿Haces a veces el bien con respetos humanos, para ser visto y estimado? *Estad atentos a no hacer vuestras buenas obras delante de los hombres, para que os vean*, dice el Señor[379]. Cuando te reservas alguna gloria para ti por los dones que Dios te ha dado, te conviertes en un auténtico ladrón de la gloria de Dios. Examina tus intenciones: ¿se dirigen únicamente a glorificar a Dios?

Incluso si al hacer el bien no buscas obtener la estima de los hombres, ¿dejas en ocasiones de hacer el bien para no perder la buena voluntad y el favor de algunos, acomodándote a su forma de vivir mundana y al margen de Dios? También esto es amar la gloria del mundo más que la gloria de Dios y es una falta contra la humildad, condenada en aquellos personajes importantes de Judea que creían en Cristo, pero, por miedo y respeto a los fariseos, no se atrevían a confesarlo. *Amaron más la gloria de los hombres que la gloria de Dios*[380].

117. ¿Tienes quizá una conciencia que se angustia por los escrúpulos? Si es así, examínate y puede que encuentres que el auténtico fundamento de tus escrúpulos es el amor propio, es decir, la soberbia. No eres dócil y no obedeces a tu director espiritual. Santo Tomás enseña que esto es un efecto de la

---

[378] Sal 93,17.
[379] Mt 6,1.
[380] Jn 12,43.

soberbia, porque la docilidad es la hermosa hija de la humildad y hace que el alma esté bien dispuesta a obedecer[381].

¿Por qué, al leer la vida de los santos, no encontramos en ellos tantas angustias causadas por los escrúpulos? Los santos eran humildes y, donde hay humildad, también hay tranquilidad de espíritu. Muchos escrupulosos se han sanado de su mal de escrúpulos, que se consideraba casi incurable, simplemente diciendo de corazón a Dios: me acuso de ser un soberbio, me duele mi soberbia y suplico tu ayuda para corregirme de esa gran soberbia.

En cambio, si descubres que eres escrupuloso no tanto por falta de docilidad, sino más bien por pusilanimidad, también para esto puedes ir a la escuela de Santo Tomás, que enseña que la pusilanimidad se deriva de la soberbia[382], porque el pusilánime, al juzgar que no puede hacer cosas de las que en realidad sí es capaz, está anteponiendo su propio parecer al de los demás.

¿Quieres disfrutar la paz de una conciencia serena y también de cierto consuelo espiritual, que ayudan mucho a hacer voluntariamente lo necesario para tener una vida devota y servir a Dios con más fervor? El mejor consejo que puedo ofrecerte es este: entrégate a la humildad y el Señor hará que tu alma experimente consuelos inefables. *Se alegra mi espíritu*, dice en su cántico la santísima Virgen, y para vuestra instrucción añade que esa alegría del espíritu se la ha otorgado Dios atendiendo a su humildad: *porque ha mirado la humillación de su esclava*[383].

118. Si verdaderamente deseas salvarte, debes emplear los medios de salvación que Dios ha dispuesto y uno de los principales y esenciales es la humildad, como atestigua la

---

[381] Cf. Santo Tomás de Aquino, *Suma Teológica*, II-II, c. 48; y c. 49, art. 3.
[382] Cf. Santo Tomás de Aquino, *Suma Teológica*, II-II, c. 133, art. 1.
[383] Lc 1,48.

Escritura: *Tú salvas al pueblo humilde*[384]. *Y salvará a los humildes de corazón*[385]. *La gloria recibirá al humilde de corazón*[386]. ¿Cuánto estimas esta humildad? ¿Cómo la practicas? ¿Cómo te encomiendas a Dios para ser humilde? ¿Consideras que es de precepto para ti o solo un consejo, que queda a tu libre decisión?

La puerta del paraíso no solo es estrecha, sino también baja. Por eso dijo Jesucristo: *si no os hacéis como niños, no entraréis en el reino de los cielos* y por su puerta solo entra *quien se hace pequeño*[387]. En el camino hacia nuestra patria celeste siempre está en peligro quien va con la cabeza alta y la seguridad se encuentra en agacharse. Esta regla vale para todos.

San Juan Crisóstomo nos advierte: "cuando el Señor dice *aprended de mí, que soy manso y humilde de corazón*, no está hablando solamente a los monjes, sino a todo el género humano. Este mandato afecta a todos, sin excepción"[388]. La humildad del corazón no solo es un mandato de Jesucristo para los religiosos, sino también para los seglares, sean quienes sean, sin ninguna excepción.

---

[384] Sal 17,28.

[385] Sal 33,19.

[386] Pr 29,23.

[387] Cf. Mt 18,3-4.

[388] *Cum dixit Dominus, Discite a me, quia mitis sum et humilis corde, non monachos tantum alloquitur, sed et omne prorsus hominum genus. Omnes omnino hoc imperio convenit, nullum except* (paráfrasis de San Juan Crisóstomo, *Contra los vituperadores de la vida monástica*, lib. 3).

Examen de conciencia sobre la humildad ante el prójimo

119. Según la doctrina de Santo Tomás[389], el primer acto de la humildad consiste en someterse a Dios y el siguiente en someterse al prójimo (es decir, humillarse ante él) por amor a Dios, como dice el Espíritu Santo a través de San Pedro: *estad sujetos a toda criatura humana por amor a Dios*[390]. También nos exhorta a través de San Pablo a intentar destacar en la humildad: *por humildad, que cada uno considere superiores a los demás*[391].

120. Teniendo en cuenta que tu prójimo puede estar en una posición de superioridad, igualdad o inferioridad con respecto a ti, conviene saber que la humildad es ante todo obligatoria frente a quien es superior a ti, *porque esa es la voluntad de Dios*[392], como atestigua San Pedro.

¿Te comportas con la humildad, obediencia y reverencia debidas ante tus superiores y mayores? ¿Cómo recibes las reprensiones que te hacen? ¿Tienes para con ellos la humildad *de corazón y con buena voluntad*[393] que San Pablo recomienda?

Esa humildad te es necesaria para imitar a Jesucristo, que *se humilló a sí mismo, haciéndose obediente hasta la muerte*[394]. No

---

[389] Cf. Santo Tomás de Aquino, *Suma Teológica*, II-II, c. 161, art. 3.
[390] 1P 2,13.
[391] Flp 2,3.
[392] 1P 2,15.
[393] Cf. Ef 6,6-7.
[394] Flp 2,8.

obedecer de hecho a los superiores puestos por Dios puede excusarse algunas veces por incapacidad o inadvertencia, pero no querer obedecer es siempre un acto de soberbia inexcusable. "No querer obedecer es una oposición soberbia de la voluntad", dice San Bernardo[395].

121. ¿Cómo te comportas con tus iguales? ¿Intentas ponerte por encima de ellos y ser preferido a ellos, sin contentarte con tu posición? Cada vez que sientas este deseo en tu corazón de hacerte superior en algún sentido a los demás, recuérdate a ti mismo que ese fue el pecado de Lucifer, que *decía en su corazón: me elevaré*[396]. Santo Tomás enseña que la virtud de la humildad consiste esencialmente en la moderación de este apetito que nos empuja a ponernos por encima de los demás[397].

¿Te crees superior a los demás por algún don de la naturaleza, de la educación o de la gracia? Esto es auténtica soberbia y debes reprimirla con humildad, considerándote inferior a los otros, como de hecho podrías serlo ante Dios.

122. ¿Cómo te comportas con los que son inferiores a ti? Con respecto a ellos debes ejercer la mayor humildad. *Cuanto mayor sea tu grandeza*, nos recuerda la Escritura, *más debes humillarte en todo*[398]. Aunque estén por debajo de ti en cuanto a su posición en la vida, ¿eres consciente de que son tus iguales ante Dios? *Sabiendo que tenéis un mismo Señor en los cielos y que en Él no hay acepción de personas*[399]. De esta forma serás benigno y afable, como quiere San Pablo que lo seas: *acomodándoos a los humildes*[400].
¿Les ordenas cosas con altanería y arrogancia, a pesar de que el Señor no quiere que nos comportemos con los inferiores *como*

---

[395] *Nolle obedire est voluntatis superba contentio* (San Bernardo de Claraval, *Libro del precepto y la dispensa*, cap. 11).
[396] Cf. Is 14,13-14.
[397] Cf. Santo Tomás de Aquino, *Suma Teológica*, II-II, c. 161, art. 2.
[398] Si 3,20.
[399] Ef 6,9.
[400] Rm 12,16.

dominadores[401]? Cuando debes corregirles, ¿lo haces *con espíritu de mansedumbre*, como nos enseña el Apóstol, *considerándote a ti mismo y temiendo caer también en la tentación*[402]?

Hay otro tipo de falsa humildad que es un vicio, contra la cual nos advierte el Espíritu Santo: *no te abajes en tu sabiduría, no sea que seas seducido para caer en la necedad*[403]. Si tienes talento para enseñar, aconsejar, ayudar y contribuir a la salud de las almas, pero te retiras con la excusa de la humildad, diciéndote "no soy lo suficientemente bueno", o si debes corregir, castigar y ejercer la autoridad, pero descuidas esos deberes con la excusa de la humildad, no se trata de auténtica humildad, sino de pusilanimidad y debilidad. En el plano externo, se debe cumplir la regla de San Agustín: "no sea que, por razón de una humildad excesiva, se destruya la autoridad del gobernante entre los que deben obedecerle"[404].

Alabo que, frente a los que están por debajo de ti, te consideres inferior en el mérito "en los pensamientos de tu corazón", como tan bien dijo San Gregorio[405], pero de forma que no se vea perjudicada ni disminuida la autoridad del cargo.

Del mismo modo que estar en una posición de mayor autoridad no impide que seas humilde en tu corazón, ser humilde tampoco debe impedirte ejercer esa autoridad al gobernar, como enseña San Agustín: "considerad superiores en vuestro interior a aquellos que son inferiores a vosotros en lo exterior"[406].

---

[401] 1P 5,3.

[402] Ga 6,1.

[403] Si 13,11.

[404] *Ne apud eos quos oportet esse subiectos, dum nimium servatur humilitas, regendi frangatur auctoritas* (San Agustín de Hipona, *Regla*).

[405] *In cogitationibus cordis* (San Gregorio Magno, *Tratados morales sobre el libro de Job*, cap. 22, 17).

[406] *Existimate alios in occulto superiors, quibus estis in manifesto maiores* (San Agustín de Hipona, citado en Santo Tomás, *Suma Teológica*, II-II, c. 161, art. 6, ad 1).

123. Debemos practicar dos tipos de humildad con todos nuestros prójimos: una con respecto al conocimiento y la otra con respecto a los afectos. La humildad del conocimiento consiste en reconocernos y considerarnos en el interior de nuestra alma inferiores a los demás. Por eso Jesucristo nos recomienda en el Evangelio: *siéntate en el último lugar*[407].

No nos dice que nos sentemos en el medio ni en uno de los últimos lugares, sino en el último lugar. Por eso, como explica San Bernardo, debemos considerarnos inferiores a todos los demás: "de modo que te sientes solo, a saber, en el último lugar de todos, y no oses, ya no digo ponerte por encima, sino ni siquiera compararte con nadie"[408].

La razón es que, si te consideras superior, aunque solo sea a una persona, ¿cómo vas a saber si precisamente a esa persona es más querida para el Señor que tú o lo será pronto por un cambio de la diestra del Altísimo[409]?

Quien es verdaderamente humilde considera que todos son mejores que él y que él mismo es el peor de todos. ¿Eres humilde de esta forma en tu propia opinión? No dudas en compararte con unos y otros, y ¿cuántas veces te pones por encima de ellos, con la soberbia del fariseo? *No soy como los demás*[410].

Al ponerte por encima de los demás, a menudo parece que lo hagas con modestia, porque dices: por la gracia de Dios, no tengo los vicios que tiene ese o por la gracia de Dios, no he cometido tantos pecados como aquel otro. ¿Es verdad, sin embargo, que realmente reconoces que todo eso se lo debes a la

---

[407] Lc 14,10.
[408] *Ut solus, videlicet omnium novissimus, sedeas, teque nemini non dico praeponas, sed nec comprare presumas* (San Bernardo de Claraval, *Sermones sobre el Cantar de los Cantares*, 37).
[409] Cf. Sal 77,11.
[410] Lc 18,11.

gracia de Dios y que no te atribuyes más bien la gloria a ti mismo?

En cuanto te pones por encima de ese hombre, si él se considera inferior a ti, entonces él es más humilde que tú y, por lo tanto, mejor que tú. Si, por la gracia de Dios, eres casto, caritativo y justo, debes intentar ser también humilde con la gracia de Dios, pero ¿cómo vas a ser humilde cuando tanto te estimas y te pones por encima de los demás?

San Pablo, al enseñar que debemos considerar mejores que nosotros a todos los demás en una santa humildad, nos prescribe también el modo: no teniendo en cuenta el bien que poseemos, sino el bien que poseen o podrían poseer los demás. *No atendiendo al bien de uno mismo, sino al de los otros*[411]. Sobre esto enseña Santo Tomás que, teniendo en cuenta que todo el mal que hace el hombre viene del hombre y todo el bien que hace el hombre o se encuentra en él viene de Dios, siempre y sin caer en la falsedad podemos juzgar que cualquier persona es mejor que nosotros en cuatro aspectos.

El primer aspecto está en mirar en nosotros lo que es nuestro, es decir, la malicia y el pecado, y mirar en la otra persona lo que es de Dios, a saber, sus innumerables dones. El segundo está en considerar algún bien particular que pueda tener esa persona y del que nosotros carezcamos. El tercero está en reconocer en nosotros algún defecto que no tenga esa persona. El cuarto viene dado por el sensato temor de que exista en nosotros una soberbia oculta que corrompa todas nuestras obras, hasta las más santas, y nos engañemos al creer que somos buenos, cuando en realidad no lo somos[412].

124. La humildad del afecto consiste en que reconozcamos que somos más miserables que nadie y, por lo tanto, amemos ser

---

[411] Flp 2,4.
[412] Cf. Santo Tomás de Aquino, *Suma Teológica*, II-II, c. 161, art. 3.

considerados como tales por los demás. Ser miserables y viles a nuestros propios ojos por el conocimiento que tenemos de nosotros mismos es la humildad necesaria, porque nos obliga a practicar la verdad que conocemos. Sin embargo, alegrarse de ser considerados miserables y viles por los demás es la verdadera virtud de la humildad del corazón. "La primera es necesaria", dice San Bernardo, "la segunda es de la voluntad", y añade: "temo que quien es humillado por la verdad sea enaltecido por su voluntad"[413]. Ten cuidado no vaya a suceder que, aunque estés libre de estimarte a ti mismo, desees ser estimado por los demás. Eso sería desear algo que es falso, una mentira.

¡Qué lejos estás de la humildad del afecto! ¡Cuánto temes que se conozca alguno de tus defectos y cuántas excusas y justificaciones alegas para que esa falta que realmente has cometido no haga que te estimen menos! Procuras aumentar la estima que te tienen mostrando tu habilidad y talento. Y, si la habilidad es escasa y el talento insuficiente, a menudo finges que son mayores para conseguir ser más estimado.

Cuando, en vez de abajarte, deseas que los demás te estimen, eres uno de esos hijos soberbios de Adán a los que el salmista recriminó: *¿Por qué amáis la vanidad y vais en pos del engaño?*[414]. Reconoce en tu interior la realidad: tienes más soberbia que humildad y amas más la vanidad que la verdad.

125. La humildad del afecto es la humildad del corazón, que Jesucristo nos enseñó. Ella nos hace pequeños y nos permite entrar en el reino de los cielos. ¡Qué vergüenza debes sentir cuando haces examen de conciencia y descubres que no tienes ni una sombra de esa humildad! Si te enteras de que otros

---

[413] *Illud necessitatis est, hoc voluntatis. Timeo ne quem humiliate veritas, extollat voluntas* (San Bernardo de Claraval, *Sermones sobre el Cantar de los Cantares*, 42).
[414] Sal 4,3.

hablan mal de ti, ¿te inquietas? ¿Te angustias? ¿Te lamentas? ¿Te molesta cuando te parece que son injustos contigo o te pierden el respeto? ¿Eres suspicaz y te ofendes fácilmente, dando gran importancia a todo lo que toca a tu buen nombre y dignidad?

No estoy hablando del buen nombre que se fundamenta en la virtud, sino del buen nombre mezquino que depende de las opiniones del mundo. ¿Cuánto te importa eso? ¿Te ofendes por cualquier cosita que te digan, alterándote, molestándote y cultivando la aversión y el rencor? ¿Exiges que te pidan perdón y se humillen? ¿Te muestras reacio a perdonar y reconciliarte, como si temieras perder algo por hacer las paces como un buen cristiano? Si es así, ¿dónde están la humildad del conocimiento y la humildad del afecto, que son tan necesarias para salvarse?

126. Para entender mejor en qué medida te falta la humildad, examínate desde este punto de vista. El humilde no solo no se enfada con el que le ofende, sino que le quiere bien y le devuelve bien por mal, ya sea porque considera que su enemigo es un instrumento de la justicia o la misericordia de Dios o porque está convencido de que, por sus pecados y su ingratitud ante los dones del cielo, merecería algo peor. ¿Y tú?

El humilde, cuando se entera de que hablan mal de él, no se inquieta, sino que aprende con tranquilidad a corregirse, incluso aunque no haya cometido las faltas que se le atribuyen. No se lamenta, como si sufriese una persecución. No dice que los que hablan mal de él estén celosos o sean malvados o envidiosos, sino que cree que los demás lo conocen mejor de lo que él se conoce a sí mismo. ¿Reaccionas tú así?

El humilde, cuando le corrigen, recibe de buen grado la advertencia y agradece que hayan tenido la bondad y caridad de corregirle. No juzga ni habla mal de nadie, ya sea porque considera que todos son mejores que él o porque sabe que es capaz de hacer peores cosas. Vive en paz con todos y respeta a todos. Sin esperar que le honren, es el primero en honrar a los demás, como mandan los santos apóstoles Pedro y Pablo: *tened paz con todos*[415]; *honrad a todos*[416]; *honraos unos a otros*[417]. ¿Y tú, qué dices de ti mismo?

Quizá pienses que estas cosas son perfeccionismos, pero son más bien cuestiones de humildad, que, en cuanto a la disposición del corazón, pueden ser de obligatorio cumplimiento para ti. En cualquier caso, cuando se trata de la humildad, no quiero que pienses que basta con cumplir lo obligatorio sin dar ni un paso más allá. Si te dices a ti mismo que no estás obligado a realizar este acto de humildad o aquel otro, es posible que te estés engañando gravemente. Al margen de la humildad externa, que debe ser guiada por la prudencia, no pienses que puedes excusarte o desentenderte de la humildad interior del corazón.

127. Si el humilde se da cuenta de que ha ofendido o molestado a su prójimo, de inmediato se humilla, se disculpa y pide perdón, mostrando su pena por haber ofendido a alguien. El humilde teme darse aires de entendido y querer corregir a los demás, de modo que actúa con mucha prudencia, siendo más exigente consigo mismo que con los demás. Expresa con modestia su opinión y, sin obstinarse, somete su propia opinión a la de los demás. ¿Y tú?

El humilde trata con respeto y reverencia a los que están por encima de él y es amable y cortés con los más pobres, sin que nunca le falten esos buenos modales que recomienda la Escritura: *inclina tu cabeza ante el potentado y responde al pobre con amabilidad y mansedumbre*[418]. ¿Es así como te sueles comportar tú?

---

[415] Rm 12,18.
[416] 1P 2,17.
[417] Rm 12,10.
[418] Cf. Si 4,7-8.

El humilde no intenta parecerlo con gestos y afectaciones exteriores y, si se entera de que otros le consideran humilde, se sonroja incómodo. Es sincero, sencillo y franco. No va cabizbajo, pero humilla sus caprichos y su orgullo. No tiene la cabeza dura y altanera, sino que es amable, reverente y obediente. ¿Y tú?

Conviene que te des cuenta de lo torpe que eres para aprender las enseñanzas de Jesucristo. Él vino a enseñarte una sola lección, la de la humildad: *aprended de mí, que soy manso y humilde de corazón*[419]. ¿Has aprovechado esta lección? Me dirás que muchas de las prácticas de humildad te parecen muy difíciles, pero puedes replicarte a ti mismo que es el lujurioso quien encuentra difícil vivir la castidad, el avaricioso quien encuentra dificultad en dar limosna y el soberbio el que considera difícil practicar la humildad. No es que la humildad sea difícil en sí misma, sino que es tu soberbia la que la hace difícil. Podemos decir, con Eusebio de Emesa: "hacéis que el yugo del Señor os resulte pesado"[420].

---

[419] Mt 11,29.
[420] *Jugum Domini ipsi vobis facitis grave* (Eusebio de Emesa, *Homilía sobre los Macabeos*).

Examen de conciencia sobre la humildad ante uno mismo

128. Ricardo de San Víctor define al hombre humilde como "el que se desprecia verdaderamente a sí mismo en su interior"[421]. Examina brevemente qué sentimientos tienes sobre ti mismo. Cuando te imaginas cómo sería tener un cargo importante, entre grandezas y honores, ¿cómo te comportas en estas quimeras de vanidad y soberbia? ¿No te complaces en ellas a sabiendas y con gusto?

Quien ama la humildad debe tratar esos pensamientos de soberbia mundana igual que tratan los pensamientos impuros quienes aman la castidad. *Que no me pise el pie de la soberbia*[422], debemos pedir con el rey David, porque la soberbia empieza a poner el pie en el alma a través de los pensamientos y quien se acostumbra a deleitarse en esos pensamientos ya ha adquirido el mal hábito de la soberbia del corazón.

129. ¿Te olvidas de que no eres nada? ¿Sigues estimándote como si fueras algo? En ese caso, te estás seduciendo y mintiendo a ti mismo, como dice San Pablo: *si alguno piensa que es algo, se engaña a sí mismo*[423].

¿Te complaces y te glorías en ti mismo, ya sea por tus conocimientos, tu autoridad, tus riquezas o cualquier otro don

---

[421] *Humilis est qui seipsum apud semetipsum veraciter contemnit* (Ricardo de San Víctor, *Sobre la erudición del hombre interior*, lib. 2, cap. 23).
[422] Sal 35,12.
[423] Ga 6,3.

natural o moral? Recuerda lo que dijo Dios a través del profeta Jeremías: *no se gloríe el sabio en su saber ni se gloríe el valeroso en su valentía ni el rico se gloríe en sus riquezas*[424]. Y también a través de San Pablo: *sin complacernos a nosotros mismos*[425]. Esta complacencia y esta gloria entran seductoramente en nosotros sin que nos demos cuenta, pero el que es humilde descubre rápidamente el engaño y las rechaza como vanidades que solo sirven para aumentar el orgullo e hinchar el corazón.

Lo mismo hay que preguntarse con respecto a la vida espiritual. ¿Crees que eres virtuoso porque en alguna ocasión hiciste algo bueno? Quizá lo serías si no creyeses que lo eres. Piensa en Jerusalén, repudiada por Dios porque, como dice el profeta, se consideraba bella, *envanecida de su hermosura*[426]. Así eres tú, según la enseñanza de San Gregorio: "el alma se envanece de su hermosura cuando presume en su interior de una buena acción"[427].

El soberbio prefiere pensar en el poco bien que hace y en la escasa devoción que aún tiene en lugar de pensar en los grandes pecados que ha cometido y sigue cometiendo cada día. Le da la espalda a la multitud de sus pecados para no tener que humillarse y avergonzarse, mientras reflexiona a menudo en sus minúsculos ejercicios de piedad cristiana para tener en qué complacerse. "Prefieren contemplar en sí mismos lo que les agrada y no lo que les desagrada"[428], dice San Gregorio. ¿Quizás haces tú lo mismo?

130. La humildad nos enseña a considerarnos indignos de los bienes que poseemos e incluso del aire que respiramos y a

---

[424] Jr 9,23.

[425] Rm 15,1.

[426] Ez 16,15.

[427] *Fiduciam pulchritudinis suae anima habet cum in seipsa de iusta actione praesumit* (San Gregorio Magno, carta 126).

[428] *Plus eis intueri libet quod sibi in se placet quam quod sibi in se displicet* (San Gregorio Magno, *Tratados morales sobre el libro de Job*, cap. 22, 1).

considerarnos merecedores de todos los males e insultos del mundo. Así piensa el humilde, que pone los ojos en los pecados que ha cometido, en su malicia y en su capacidad de cometer otros más. Por todo ello, se considera peor que los infieles que solo tienen las luces de su propia naturaleza, mientras que él cuenta con la luz de la fe; peor que los pecadores, que no conocen la gravedad de sus pecados ni han recibido tanta ayuda de la gracia como él; peor que los judíos, que, *si lo hubieran conocido, nunca habrían crucificado al Señor de la gloria*[429]; y peor incluso que los demonios, que solo pecaron una vez y de pensamiento, mientras que él ha pecado muchas veces de pensamiento y también de obra. ¿Reflexionas sobre estas cosas con seriedad?

131. ¿Te pones conscientemente en situación próxima de pecado, confiando con presunción en ti mismo y diciéndote que no pecarás? San Gregorio enseña que no hay nada más opuesto a la humildad que esa presunción: "nada consigue alejar más al hombre de la humildad que confiar en su propia virtud"[430]. ¿Te angustian e inquietan los pecados que cometes o lo poco que avanzas en el camino de la virtud? Esto es soberbia y proviene de la presunción de creer que puedes hacer grandes cosas con tus propias fuerzas. Es necesario humillarse, no entristecerse y aprender de San Agustín, que decía de sí mismo: "más me humillaré por lo que me falta"[431]. Seré más humilde si reflexiono sobre la virtud que debería tener y no tengo.

¿Pretendes hacerte el prudente, confiando en tu propio ingenio y fiándote de tus opiniones, sin pedir consejo, en especial en las cosas de más importancia? Esto es un notable defecto contra la

---

[429] 1Co 2,8.

[430] *Nihil hominem longius ab humilitate facit quam praesumptio virtutis propriae* (San Gregorio Magno, *Tratados morales sobre el libro de Job*, cap. 22, 3).

[431] *Ero humilior ex eo quod mihi deest* (San Agustín de Hipona, *Comentarios a los Salmos*, 38).

virtud de la humildad, porque el Espíritu Santo te aconseja: *no te apoyes en tu prudencia; no te tengas por sabio*[432]. San Jerónimo llama intolerable a la soberbia por la que pretendemos ser tan sabios que no precisamos el consejo de los demás: "es intolerable la soberbia de pensar que no se necesita el consejo de nadie"[433].

132. Es necesario ser humilde al pensar, pero también al hablar, porque el humilde habla poco, de acuerdo con el consejo de la Escritura: *no seas precipitado al hablar y sean pocas tus palabras*[434]. El mucho hablar viene de la soberbia, que nos convence de que sabemos mucho y nos anima a complacernos en impartir nuestras ideas a los demás, como si fuéramos sus maestros.

¿Tienes cuidado al hablar para no alabarte a ti mismo ni decir nada que pueda redundar en tu alabanza? ¿Intentas parecer culto, experto, sabio o espiritual, revelando tus cualidades o las de tu familia? Es fácil que así te domine la soberbia y el santo anciano Tobías te advierte: *no permitas que la soberbia domine tus palabras*[435].

¿Te pones a ti mismo como ejemplo, diciendo que hay que hacer esto o lo otro porque eso es lo que has hecho tú? Si tienes algún don de Dios, ¿lo muestras, aunque sea diciendo que por gracia de Dios no tienes tal vicio o por gracia de Dios tienes tal virtud? Recuerda que el ángel le dijo a Tobías que los dones secretos de Dios deben mantenerse escondidos: *bueno es guardar el secreto del rey*[436].

En ocasiones puede suceder que hables mal de ti mismo, pero con el deseo de que así los demás se animen a elogiarte. Esta es

---

[432] Pr 3,5.7.
[433] *Intolerabilis est superbia, existimare se nullius egere consilio* (San Jerónimo, *Comentario a Isaías*, cap. 1).
[434] Qo 5,1.
[435] Tb 4,14.
[436] Tb 12,7.

la forma de actuar de *quien se humilla con maldad*[437], finge huir de las alabanzas y en realidad las busca, y pretende evitar los honores cuando los está persiguiendo. Acostúmbrate a no hablar de ti ni bien ni mal, porque tanto con lo uno como con lo otro es fácil que se introduzca la soberbia.

133. Cuando escuchas que te alaban, ¿qué precauciones tomas? El amor propio siempre está dispuesto a mezclar el propio incienso con el que recibe de los demás. Quiero decir que, por la corrupción de nuestra naturaleza, estamos dispuestos a aprobar esas alabanzas que recibimos como si fueran verdaderas y justas y a complacernos en esa vanagloria, pero todo esto es falta de humildad.

San Agustín, al hablar de este agrado que sentimos al ser alabados, rezaba así: "Señor, aleja de mí esta locura"[438], considerando que era verdaderamente una locura complacerse en la vanidad y la mentira. Cuando escuchaba que alguien lo alababa, reflexionaba sobre sí mismo y meditaba acerca de los juicios de Dios, diciendo en su corazón: "yo me conozco mejor que él, pero Dios me conoce mejor que yo mismo"[439].

Dice San Gregorio que un corazón verdaderamente humilde, al escuchar que otros lo alaban, siempre teme que la alabanza sea falsa o que le robe el mérito y la recompensa de la auténtica virtud. "Si el corazón es verdaderamente humilde, apenas reconoce las cosas buenas que oye sobre sí mismo o teme que la esperanza de la recompensa futura se transforme en un agradecimiento temporal"[440].

---

[437] Si 19,23.

[438] *Insaniam istam, Domine, longe fac a me* (San Agustín de Hipona, *Confesiones*, lib. 10, cap. 37).

[439] *Melius me ego novi quam illi; sed Melius Deus quam ego* (San Agustín de Hipona, *Comentarios a los salmos*, 25).

[440] *Si cor veraciter humile est, bona quae de se audit, aut minime recognoscit aut pavet ne spes futuri muneris in mercedem permutetur transitorii favoris* (San Gregorio Magno, *Tratados morales sobre el libro de Job*, cap. 22, 3).

Dice Santo Tomás que el humilde se asombra si alguien habla bien de él y no hay nada que le extrañe más que oír que le alaban. La Santísima Virgen, al escuchar de boca del arcángel San Gabriel que iba a convertirse en la Madre de Dios, consciente de su propia nada, se asombró y admiró de haber sido elevada a tan alta dignidad: "para un alma humilde, no hay nada más extraño que escuchar hablar sobre su propia excelencia. Así, ante la respuesta de María, que preguntaba cómo podía ser aquello, el ángel dio una explicación, no para sustituir su fe, sino para disipar su extrañeza"[441].

Conviene que tengamos en cuenta, sin embargo, que también el hecho de no preocuparse de las alabanzas y tratarlas con cierto desprecio puede ser un signo de soberbia, como advierte San Agustín: "a menudo, el hombre se gloría con mayor vanidad aún de ese mismo desprecio de la vanagloria"[442].

Por otro lado, cuando es necesario alabar a otros que están presentes hay que ejercitar tanto la modestia como la prudencia, enseña también San Agustín, no sea que se introduzca "una tentación peligrosísima por el amor de la alabanza"[443]. La adulación siempre es un vicio, ya nos adulemos a nosotros mismos o a los demás.

134. También se puede pecar contra la humildad con el lujo y la vanidad de la ropa que uno lleva. Esto es lo que la reina Ester llama *la señal de mi encumbramiento*[444] y el corazón no debe poner en ella su afecto, recordando que esos atuendos solo son lícitos cuando convienen a la propia condición en la vida y se usan con

---

441 *Animo humili nihil est mirabilius quam auditus suae excellentiae. Sic Mariae respondenti: Quomodo fiet istud? Angelus probationem inducit, non ad auferendam credulitatem, sed magis ad removendam admirationem* (Santo Tomás de Aquino, *Suma Teológica*, III, c. 30, art. 4).

442 *Saepe homo de ipso vanae gloriae contemptu vanius gloriatur* (San Agustín de Hipona, *Confesiones*, lib. 10, cap. 38).

443 *Tentationem periculosissimam ab amore laudis* (*Ibid.*).

444 Est 14,16.

recta intención: *jamás te glories por tu vestido*[445], dice el Espíritu Santo.

Por muy hermosas que sean tus ropas, no dejes que la vanagloria te domine y, si en público tienes que mostrar una apariencia ilustre, ten cuidado de no envanecerte *y no te engrías cuando te veas ensalzado*[446]. El exceso, la autocomplacencia y el deseo de complacer y atraer la atención de los demás o de superar a los iguales o igualarse al superior por los adornos en el vestir deben ser moderados y combatidos por la humildad.

Es inmejorable la regla que da Santo Tomás: "el exceso en los gastos en cosas exteriores debe ser reprimido por la humildad"[447]. El decoro y la apariencia conveniente al propio estado deben estar orientados por la modestia y la decencia cristianas y no por la soberbia y el lujo mundanos. Asimismo, la humildad debe frenar la vanagloria que viene de la elegancia en el porte o de la hermosura del rostro, porque *engañosa es la elegancia y vana la hermosura*[448].

135. En cuanto a las acciones exteriores que son indiferentes por sí mismas y pueden convertirse en virtuosas con una buena intención, lo más importante llevarlas a cabo con la humildad del corazón que recomienda Cristo. *Seré despreciable a mis ojos*[449], debe decirse cada uno a sí mismo con el santo rey David. Crear este buen hábito de humildad para con uno mismo ayuda mucho a acostumbrarse a ser humilde también con los demás.

Por eso me gustaría que te aplicaras diligentemente a hacer el examen de conciencia. ¿Qué concepto y estima tienes de la virtud de la humildad? ¿Crees de verdad que la humildad del

---

445 Si 11,4.
446 *Ibid.*
447 *Superabundantia in exterioribus sumptibus per humilitatem est reprimenda* (Santo Tomás de Aquino, *Suma Teológica*, II-II, c. 161, art. 2).
448 Pr 31,30.
449 2S 6,22.

corazón es necesaria para tu salvación eterna? Sabes bien que es necesario creer firmemente en el misterio de la Santísima Trinidad y que dudarlo es herejía, pero has saber también que debe creerse con igual firmeza la doctrina de la humildad enseñada por Jesucristo en su Evangelio, porque no se puede decir que una de las doctrinas del Evangelio sea más verdadera que otra o que una deba creerse más y otra pueda creerse menos, ya que todas salieron de los labios de Jesucristo, que es la Verdad misma.

Por lo tanto, si crees en esta enseñanza de la humildad, ¿cómo la aplicas y qué medios utilizas para ser humilde? ¿Te encomiendas a Dios para conseguirlo? ¿Recurres a la intercesión de la Santísima Virgen y a la de los santos? ¿Te acostumbras a tener presentes los pensamientos más eficaces para crear esta humildad, como los de la muerte, el juicio, el infierno, el paraíso, la eternidad, la gravedad de los pecados y, sobre todo, la pasión de nuestro Señor Jesucristo?

Tengo la seguridad de que nunca lograrás ser humilde mientras sigas descuidando esos medios, que son los más apropiados para adquirir la humildad y, si no tienes la humildad del corazón, ¿cómo te justificarás cuando estés ante el tribunal de Dios?

Graba en tu mente este hermoso pensamiento que dejó San Agustín a su amigo Dióscoro: "te ruego, mi Dióscoro, que con toda piedad te sometas a Jesucristo y no busques para alcanzar la verdad otro camino que este que Él nos ha dado: la humildad"[450]. Es decir, no te apartes, Dióscoro, de la calzada real de la humildad que enseñó Cristo y, aunque en la religión cristiana se requieran muchas otras virtudes, asegúrate de poner en el lugar más alto a la humildad, porque todas las virtudes se

---

[450] *Iesu Christo, oro te, mi Dioscore, ut tota pietate subdas velim, nec aliam tibi ad capessendam veritatem viam munias quam quae ab illo munita est: ea est autem humilitas* (San Agustín de Hipona, carta 118).

adquieren a través de la humildad, con ella se mantienen y sin ella se desvanecen.

Doctrina moral sobre el vicio de la soberbia para un mejor uso del examen de conciencia

136. Santo Tomás define la soberbia como un afecto desordenado contra la recta razón, por el que el hombre se estima y desea ser estimado por los demás en más de lo que realmente es[451]. Como este afecto se opone a la recta razón, es sin duda un pecado específico, directamente contrario a la virtud de la humildad, que puede ser mortal, puesto que San Pablo coloca a los soberbios entre aquellos que *Dios entregó a su perverso sentir y son dignos de muerte*[452]. En ocasiones, sin embargo, se trata únicamente de un pecado venial, cuando falta la plena advertencia de la razón o el pleno consentimiento de la voluntad[453].

137. La soberbia se coloca entre los pecados capitales porque es como una cabeza de la que se derivan muchos otros pecados. Por eso, San Pablo, viendo la multitud de pecados que se cometen en el mundo y señalándoselos a su discípulo Timoteo, le dice: *mira cuántos egoístas, blasfemos, carnales, envidiosos, etc., que no tienen amor ni al prójimo ni a sus padres ni a Dios*[454]. ¿De dónde crees que vienen tantos vicios? Esta es su fuente: el amor propio desordenado que cada uno tiene de sí mismo. *Habrá hombres que se amarán a sí mismos*[455]. Ese era el sentido de las

---

451 Cf. Santo Tomás de Aquino, *Suma Teológica*, II-II, c. 162, art. 1.
452 Rm 1,28.32.
453 Cf. Santo Tomás de Aquino, *Suma Teológica*, II-II, c. 162, art. 5.
454 Cf. 2Tim 3,2-4.

palabras de San Pablo, como señala San Agustín: "todos esos males provienen, como de una fuente, de lo primero que menciona, el amarse a uno mismo"[456]. Este exceso de amor propio no es otra cosa que la soberbia, enseña el mismo santo[457].

De todo esto podemos deducir que quien vence a la soberbia vence a un ejército de pecados, como explica San Gregorio[458] en relación con aquel texto de Job: *huele de lejos la batalla y el clamor del ejército*[459].

138. Entre los pecados capitales, la soberbia tiene el primer lugar y, por ello, Santo Tomás no coloca este pecado entre los pecados capitales como uno más, sino por encima de ellos, como el pecado que supera a los demás. Es el rey de los vicios y, como tal, lleva en su cortejo a todos los otros vicios, por lo que en la Escritura se le llama la *raíz de todos los males*[460] y *el principio de todos los pecados*[461]. Del mismo modo que la raíz del árbol está escondida bajo tierra y transmite su vigor a todas las ramas, la soberbia permanece oculta en el corazón mientras va influyendo secretamente en todos los pecados[462].

Cada vez que cometemos un pecado mortal, nuestra propia voluntad se levanta contra Dios para enfrentarse a Él. Así lo dice Job al hablar del pecador, que, *armado, se creyó fuerte contra el Todopoderoso*[463]. En este sentido se dice también que la soberbia es, en sí misma, "el pecado más grave de todos"[464], ya que el

---

[455] 2Tim 3,2.

[456] *Haec omnia mala ab eo velut fonte manant, quod primum posuit, seipsos amantes* (San Agustín de Hipona, *Tratados sobre el Evangelio de San Juan*, 124).

[457] Cf. San Agustín de Hipona, *La ciudad de Dios*, lib. 14, cap. 13.

[458] Cf. San Gregorio Magno, *Tratados morales sobre el libro de Job*, cap. 31, 17.

[459] Job 39,25.

[460] 1Tim 6,10.

[461] Si 10,15.

[462] Cf. Santo Tomás de Aquino, *Suma Teológica*, I-II, c. 84, art. 2 y 4.

[463] Cf. Job 15,25-26

soberbio se enfrenta a Dios y, sin preocuparse de si su conducta le desagrada, busca complacerse a sí mismo. Es decir, abandona el Todo para aferrarse a su propia nada. "Abandonando a Dios, busca su propio placer y se acerca a la nada", como dice San Agustín, "por lo que las Escrituras llaman a los soberbios los que se complacen a sí mismos"[465], que es lo mismo que decir, con San Pablo, *hombres que se aman a sí mismos*[466]. San Agustín también indica que los mismos pecados veniales cometidos más por debilidad que por malicia pueden convertirse en mortales si la soberbia los agrava: "los pecados se introducen a causa de la debilidad humana, pero, aunque sean veniales, se hacen grandes y graves si la soberbia les añade su peso y su volumen"[467].

Dios eterno mismo juró que aborrecería este vicio. *El Señor Dios ha jurado por su vida: aborrezco la soberbia*[468]. Así pues, no es extraño que lo castigue más que los demás vicios. San Agustín nos advierte especialmente sobre esto, diciendo que "de todas las caídas de los pecadores, ninguna es más grave que la de los soberbios"[469].

139. Conviene, por lo tanto, reflexionar sobre lo peligroso que es este vicio. En primer lugar, porque, si bien otros vicios solo destruyen la virtud opuesta, como la lujuria acaba con la castidad, la gula con la templanza, la ira con la mansedumbre, etc., la soberbia destruye todas las virtudes. Dice San Gregorio

---

[464] *Gravissimum omnium peccatorum* (Santo Tomás de Aquino, *Suma Teológica*, II-II, c. 161, art. 6-7).

[465] *Relicto Deo, quaerit sibi placere et nihilo propinquare; unde superbi, secundum Scripturam, appellantur sibi placentes* (San Agustín de Hipona, *La ciudad de Dios*, lib. 4, cap. 14).

[466] 2T 3,2

[467] *Subrepunt ex humana fragilitate peccata; et quamvis parva, eadem ipsa fiunt magna et gravia, si eis superbia incrementum et pondus adiecerit* (San Agustín de Hipona, *La santa virginidad*, cap. 50).

[468] Am 6,8.

[469] *Inter omnes hominum peccantium nulla est gravior quam superborum ruina* (San Agustín de Hipona, *Comentarios a los Salmos*, 38).

que es como un cáncer, que no se contenta con afectar a un solo miembro, sino que arruina el cuerpo entero, "a modo de enfermedad pestilente que se extiende"[470].

En segundo lugar, porque los otros vicios solo deben temerse cuando se intenta hacer el mal, pero la soberbia, dice San Agustín, prepara sus trampas también cuando se intenta hacer el bien. "Los demás vicios son temibles en los pecados, pero la soberbia también lo es en las buenas obras"[471]. San Isidoro afirma que "la soberbia es peor que todos los otros vicios, ya que surge de las obras de la virtud y su culpa se siente menos"[472].

En tercer lugar, porque, después de haber combatido y vencido a los demás vicios, podemos sentirnos complacidos, pero en cuanto nos alegramos de haber vencido a la soberbia, ella nos vence y puede proclamarse victoriosa en el instante mismo en que nos gloriamos de nuestra victoria sobre ella. Dice San Agustín que "cuando un hombre se alegra de haber superado la soberbia, por esa misma alegría la soberbia levanta la cabeza y dice: yo triunfo porque tú triunfas"[473].

En cuarto lugar, porque si los demás vicios se adquieren tan rápido, también se pueden abandonar rápidamente, pero la soberbia es el primer vicio que adquirimos y el último que abandonamos, del mismo modo que la ropa interior es lo primero que nos ponemos y lo último que nos quitamos. "El último pecado de los que vuelven a Dios es el que fue el primero de los que se alejaron de él"[474].

---

[470] *Quasi generalis ac pestifer morbus* (San Gregorio Magno, *Tratados morales sobre el libro de Job*, cap. 34, 23).

[471] *Caetera vitia in peccatis; superbia etiam in recte factis timenda est* (San Agustín de Hipona, carta 118).

[472] *Omni vitio superbia deterior est; eo quod de opere virtutis exoritur, minusve eius culpa sentitur* (San Isidoro de Sevilla, *Sentencias*, lib. 2, cap. 37).

[473] *Ubi lætatus fuerit homo se superasse superbiam, ex ipsa lætitia caput erigit et dicit: Ecce ego ideo triumpho, quia triumphas* (San Agustín de Hipona, *La naturaleza y la gracia*, cap. 31).

En quinto lugar, porque necesitamos una gracia particular de Dios para hacer cualquier buena obra que contribuya a nuestra salvación eterna y no hay ningún vicio que tanto impida la recepción de gracias como la soberbia, porque *Dios resiste a los soberbios*[475].

En sexto lugar, porque la soberbia es la característica y la señal más evidente de condenación, como dice San Gregorio: la soberbia es "el signo más patente de condenación"[476].

En séptimo lugar, porque los demás vicios se descubren con facilidad y, por lo tanto, resulta fácil aborrecerlos y corregirlos, pero la soberbia es un vicio que no se detecta tan fácilmente, ya que se enmascara y disfraza de diversas formas para tomar la apariencia de virtud e incluso de la propia humildad. Es decir, al tratarse de un vicio oculto no es tan fácil escapar de él, según la máxima de San Ambrosio: "es más difícil defenderse contra lo oculto que contra lo conocido"[477].

140. Este último es el peligro más formidable para nosotros, especialmente porque nosotros mismos cooperamos con todas nuestras fuerzas para no reconocer el vicio, inventando nombres, colores y engaños para cubrir su fealdad y utilizando una multitud de pretextos destinados a fingir que la soberbia no es soberbia y no reina en nuestro corazón, cuando en realidad su dominio nunca había sido tan completo.

Del mismo modo que los ciegos que aman el mundo suelen llamar cobardía y debilidad a la humildad, también llaman valor y grandeza a la soberbia. Del que es soberbio dicen que es

---

[474] *Hoc est ultimum redeuntibus ad Deum quod recedentibus primum fuit* (San Agustín de Hipona, *Comentarios a los Salmos*, 18, 1).
[475] St 4,6.
[476] *Evidentissimum reproborum signum superbia est* (San Gregorio Magno, *Tratados morales sobre el libro de Job*, cap. 34, 23).
[477] *Difficilius caventur occulta quam cognita* (San Ambrosio de Milán, carta 82).

animoso, digno, celoso de su honor y de noble trato, que tiene
buen juicio, que defiende su buen nombre o su linaje y que
cumple los deberes de su condición. ¡Qué palabrería vana!
Compárala con las palabras de verdad que utilizó Job: *me
consumo como si estuviera podrido*[478] y *he dicho a la podredumbre 'tú
eres mi padre' y a los gusanos 'sois mis hermanos'*[479]. Si escrutas bien
el lenguaje del mundo, verás que el resultado es una finísima
soberbia.

Esto es lo único que te pido, que, si desgraciadamente otros te
engañan, al menos no te engañes a ti mismo. Esfuérzate en
conocer tu mal, si quieres curarte. Solo te recomiendo que te
esfuerces en conocer la verdad y te beneficies de este consejo: si
el conocimiento de la verdad te parece difícil, es señal de que
eres un soberbio.

El propio Santo Tomás te convencerá de ello. La verdad se
puede conocer de dos maneras, con el intelecto y con el afecto.
El soberbio, sin embargo, no la conoce con el intelecto, porque
Dios se la esconde, como enseña Jesucristo: *has escondido estas
cosas a los sabios y entendidos*[480]. "Es decir, a los soberbios",
explica Santo Tomás[481]. Menos aún la conoce con el afecto,
porque no puede deleitarse en la verdad quien se deleita en la
vanidad. "Los soberbios se deleitan en su propia excelencia y les
repugna la excelencia de la verdad"[482].

Al soberbio no le gusta escuchar predicaciones, meditaciones ni
enseñanzas sobre la verdad eterna, porque la verdad le resulta
molesta. Si descubres en ti estas señales, es que eres un soberbio,
pero humíllate un poco, al menos mientras lees estas

---

[478] Job 13,18.

[479] Job 17,14.

[480] Mt 11,25.

[481] *Idest a superbis* (Santo Tomás de Aquino, *Suma Teológica*, II-II, c. 162, art.
3).

[482] *Superbi, dum delectantur in propria excellentia, excellentiam veritatis
fastidiunt* (Santo Tomás de Aquino, *Ibid.*).

enseñanzas, para que te dé luz el Padre eterno y fuente de toda luz, como dice Cristo: *yo te bendigo, Padre, porque has revelado estas cosas a los pequeños*[483]. "Es decir, a los humildes", añade Santo Tomás[484].

141. San Gregorio[485] y Santo Tomás[486] enseñan que se puede pecar de soberbia de cuatro maneras. La primera es creer que tenemos algún bien corporal o espiritual por nosotros mismos y gloriarnos de ellos como de algo propio, sin pensar en Dios, que es el origen de todo bien.

Con esta soberbia pecó Arfajad, rey de los medos, que *se jactaba de su poder por la fuerza de sus ejércitos*[487]. También el rey Nabucodonosor pecó de esta forma al atribuirse a sí mismo la construcción de Babilonia: *¿no es esta la gran Babilonia, que yo he construido con mi poderío?*[488] Así pecó igualmente aquel rico mencionado en el Evangelio de San Lucas que se complacía en sus riquezas y las consideraba como suyas, mientras pensaba en su interior: *almacenaré todos mis bienes y diré: alma mía, tienes bienes almacenados para muchos años*[489]. Con esta soberbia peca todo el que se complace, pavonea o gloría en los talentos de su inteligencia, sus muchos bienes, su nobleza, su prudencia, su elocuencia, su atractivo corporal o sus ropas lujosas y, como si Dios no tuviera nada que ver con todo eso, se estima a sí mismo y quiere ser estimado por los demás por ello.

Se trata de soberbia, porque Dios nos da todos esos bienes para nuestro uso, pero se reserva la gloria, que es toda suya y solo

---

[483] Mt 11,25.

[484] *Idest humilibus* (Santo Tomás de Aquino, *Suma Teológica*, II-II, c. 162, art. 3).

[485] Cf. San Gregorio Magno, *Tratados morales sobre el libro de Job*, cap. 23, 7.

[486] Cf. Santo Tomás de Aquino, *Suma Teológica*, II-II, c. 162, art. 4.

[487] Jdt 1,4.

[488] Dn 4,27.

[489] Lc 12,18-19.

suya, de modo que quien la usurpa es un soberbio. *Al único Dios sean dados el honor y la gloria*[490].

Así pues, conviene tener en cuenta, como señala Santo Tomás, que, para cometer un pecado de soberbia, no es necesario que uno expresamente considere que los bienes no proceden de Dios (lo que sería un pecado de falta de fe), sino que basta con que se gloríe de esos bienes como si fueran suyos propios, "lo cual corresponde a la soberbia"[491].

142. La segunda manera en que se puede pecar de soberbia es la del que verdaderamente conoce y confiesa que ha recibido de Dios este bien o aquel otro, pero lo atribuye a los propios méritos, ya sea pensándolo así interiormente y deseando que los demás lo piensen también o portándose exteriormente como si hubiera merecido conseguir esos bienes.

Así pecó de soberbia Lucifer, que, enamorado de la belleza y nobleza de su espíritu, reconocía como autor de todo al Altísimo, pero aun así presumía de haber merecido sentarse junto a Él en el cielo y de ser digno de ello: *me elevaré a los cielos, sobre las estrellas de Dios levantaré mi trono, me sentaré sobre el monte de la alianza*[492]. Por eso San Bernardo lo increpa: "¿qué has hecho, sinvergüenza, para poder sentarte?"[493]. ¿Qué has hecho, temerario, para merecer tan gran honor? Así pecaron también de soberbia aquellos malvados de los que habla San Lucas, que daban a gloria a Dios como el fariseo por el bien que hacían y por los pecados que no cometían (*te doy gracias, Señor, porque no soy como los demás hombres*[494]), pero al mismo tiempo presumían de ser personajes de gran mérito, porque *confiaban en sí mismos*[495].

---

[490] 1Tim 1,17.

[491] *Quod pertinet ad superbiam* (Santo Tomás de Aquino, *Suma Teológica*, II-II, c. 162, art. 4).

[492] Is 14,13.

[493] *O impudens, quid laborasti ut iam sedeas?* (San Bernardo de Claraval, *Sermón en conmemoración del nacimiento de San Benito*, 11).

[494] Lc 18,11.

Igualmente pecan de soberbia los que presumen de merecer o haber merecido cualquier don que hayan recibido de manos de Dios, porque, al defender su propio mérito, convierten a Dios en deudor de esa gracia, la cual ya no sería gracia si la hubiéramos merecido. Podemos decir que hemos merecido por nuestros pecados la ira de Dios y todo tipo de males como castigo, al igual que exclama Job: *¡si se pusieran en una balanza mis pecados, con los que he merecido la cólera!*[496]. En cambio, no podemos decir que hayamos merecido la gracia de recibir ningún bien. Como dice San Pablo, *si se debiese a las obras, la gracia ya no sería gracia*[497].

Cada uno de nosotros debe decir, con la misma humildad de San Pablo, *por la gracia de Dios soy lo que soy*[498]. Si soy rico o noble o estoy sano o poseo cualquier otro don, es Dios quien me lo ha dado y no por mis méritos, sino por su gracia y únicamente por su bondad. Cuando no hago el mal y cuando hago el bien, todo es gracia de Dios y no por mi mérito, sino solo por su misericordia, que me ayuda: *por la gracia de Dios soy lo que soy.* Si alguien atribuye lo que es o lo que tiene a sus propios méritos, es un soberbio que le arrebata la gloria a la gracia y la misericordia de Dios. Por eso, sabiamente, la santa Iglesia termina así sus oraciones: por nuestro Señor Jesucristo tu Hijo, etc. Así confesamos ante la divina Majestad que lo que rogamos con esa oración lo estamos pidiendo por los méritos de Jesucristo y que, si somos escuchados, no será por otra cosa que por esos méritos de Cristo.

Esta cuestión merece que la tengamos en mente, para no caer por descuido en una soberbia de este calibre. San Agustín nos enseña que debemos recordar no solo que todos los bienes que tenemos los hemos recibido de Dios, sino también que los

---

[495] Lc 18,9.
[496] Job 6,1.
[497] Rm 11,6.
[498] 1Co 15,10.

hemos recibido de su mano únicamente por su misericordia y no por nuestros méritos. "Cuando un hombre ve que cualquier bien que pueda tener se lo debe a la misericordia de Dios y no a sus méritos, no se ensoberbece"[499].

143. La segunda manera en que se puede pecar de soberbia es atribuirnos a nosotros mismos un bien de cualquier tipo que en realidad no tenemos, ya sea porque ese bien imaginario aumenta nuestra autoestima o esperamos que haga que los demás nos estimen o porque deseamos tenerlo para poder gloriarnos y presumir de él. Todo esto es un pecado de soberbia.

Así pecó aquel obispo de Laodicea que se consideraba rico en méritos a pesar de que era un miserable, por lo que Dios mismo le dijo que le rechazaba: *te vomitaré de mi boca, porque dices que eres rico y no necesitas nada, y no sabes que eres pobre y mísero*[500]. Peca con esta soberbia cualquiera que se estima o intenta ser estimado por otros, ya sea de palabra u obra, por ser más sabio, rico, noble, experto o virtuoso de lo que realmente es.

Puede ser un acto de virtud desear ser estas cosas con un buen fin, como desear ser más sabio para servir mejor a la Iglesia o desear ser más rico para poder dar más limosnas, pero desearlo para presumir o para no ser menos que los demás y ser estimado por ellos es soberbia. ¡Qué pocos son los que no están infectados por ella! Unos en una cosa, otros en otra, casi todos buscan aparentar y ser estimados en más de lo que son, sin el menor escrúpulo.

En ocasiones, el pecado no es grave, ya sea por falta de consentimiento deliberado o por la parvedad de materia, pero en otras ocasiones, y siempre en sí mismo, es un pecado grave o gravísimo, porque con esta soberbia el hombre deja de estar

---

[499] *Cum viderit homo quia quidquid boni habet de Dei misericordia est, non de meritis ipsius, non superbit* (San Agustín de Hipona, *Comentarios a los Salmos*, 84).
[500] Ap 3,16-17.

sujeto a la regla que Dios le prescribió de contentarse con su situación. "Y esto es claramente un pecado mortal", dice Santo Tomás[501]. Asimismo, enseña que cuanto mayor es el bien que uno se gloría de tener, a pesar de que no lo tiene, tanto peor es la soberbia, de manera que es peor fingir ser santo que fingir ser noble o rico, porque la santidad es un bien mayor que la nobleza o las posesiones[502].

A esta soberbia se debe también el hecho de excusar los pecados que se han cometido, porque, si uno finge que no es culpable, se está declarando inocente y se está atribuyendo el bien de la inocencia, que en realidad no posee. ¡Cuántas veces se peca así de soberbia sin que uno se dé cuenta! Santo Tomás también indica que callar los pecados en la confesión sacramental o excusar o atenuar su malicia es un acto de soberbia[503].

144. La cuarta manera en que se peca de soberbia consiste en servirse de cualquier bien que uno tiene para distinguirse, ponerse por encima de los demás y ser estimado y honrado por ellos. Todo bien que tenemos, del cuerpo o del alma, natural o sobrenatural, es un don de Dios y servirse de ese don de Dios para ensalzarse sobre los demás es propio de la soberbia.

Con este tipo de soberbia pecó el fariseo en el templo, al considerarse especial por sus buenas obras y ponerse por encima de los demás y en particular por encima del publicano: *no soy como los demás hombres, que son ladrones, injustos y adúlteros, ni como este publicano*[504]. El fariseo se creía el mejor de todos, pero era el más soberbio de todos. También pecaron con esta soberbia los discípulos que se gloriaban de su superioridad sobre los demás al expulsar demonios. *Regresaron llenos de*

---

[501] *Et hoc manifestum est quod habet rationem peccati mortalis* (Santo Tomás de Aquino, *Suma Teológica*, II-II, c. 162, art. 5- 6).
[502] Cf. Santo Tomás de Aquino, *Suma Teológica*, II-II, c. 162, art. 4.
[503] *Ibid.*
[504] Lc 18,11.

alegría, diciendo: Señor, hasta los demonios se someten a nosotros. Nuestro Señor, con toda justicia, les respondió: *veía a Santanas caer del cielo como un rayo*[505]. En cierto modo, fue como si les estuviera diciendo: tened cuidado de no ensalzaros con el soberbio Lucifer, para que no caigáis como él.

Enseña San Gregorio que no hay ninguna soberbia que se parezca tanto a la de los demonios como esta. "Se acerca más a la semejanza del diablo"[506], porque quien quiere ponerse con desprecio por encima de los demás se convierte en imitador de Lucifer, que deseó el primer lugar sobre los ángeles junto al trono de Dios. Este fue el pecado de Lucifer, desear y planear escalar el cielo. *Decías en tu corazón: me elevaré*[507]. Como él peca quien no se contenta con su propio estado y no hace otra cosa que maquinar formas de mejorar. *Me elevaré, me elevaré.* Pecado diabólico, del que todos debemos guardarnos, *no sea que, hinchado de soberbia,* como dice San Pablo, *caiga en la misma condenación del diablo*[508].

Asimismo, debemos tener en cuenta lo que también advierte San Gregorio: que caemos a menudo en esta pésima soberbia. "En este cuarto tipo de orgullo cae a menudo la mente humana"[509] y no hay duda de que es un pecado grave, por el que se ofende a Dios y al prójimo. Muchos, sin embargo, tanto hombres como mujeres y tanto religiosos como seglares de cualquier estado y condición, pecan con esta soberbia frecuentemente, hasta convertirla en un mal hábito que los domina.

En la práctica se puede ver que todos quieren distinguirse en aquello a lo que se dedican, por poco importante que sea, y

---

[505] Lc 10,17-18.

[506] *Haec similitudini diabolicae vicinius appropinquat* (San Gregorio Magno, *Tratados morales sobre el libro de Job*, lib. 23, cap. 6).

[507] Cf. Is 14,13-14.

[508] 1Tim 3,6.

[509] *In hac arrogantiae quarta specie crebro humanus animus labitur* (San Gregorio Magno, *Tratados morales sobre el libro de Job*, cap. 23, 6).

todos desean e intentan primero ser estimados tanto como los demás y, después, por encima de los demás. En su propia esfera y también fuera de ella, todos dicen: *me elevaré*. El rico, como rico, se cree superior a los estudiosos. El estudioso, como estudioso, se cree superior a los ricos. El casto se considera superior a los que dan limosna, mientras que el que da limosna piensa que es mejor que los castos y así sucesivamente. ¡Cuánta soberbia y qué pocos son los que saben que son soberbios!

145. Con gran agudeza, el Papa San Gregorio[510] distingue las diversas formas que adopta la soberbia en los distintos tipos de personas. Ciertos hombres, dice, se envanecen por sus posesiones, otros por su elocuencia, algunos por las cosas del mundo y de la tierra y otros por las cosas de la Iglesia y los dones del cielo, pero todo es soberbia a los ojos de Dios, aunque nosotros, que estamos deslumbrados por la vanidad, no seamos capaces de verlo. Hay algunos que antes se ponían por encima de los demás presumiendo de la gloria del mundo y ahora lo hacen con la excusa de la espiritualidad, pero la soberbia no abandona nunca su corazón, porque se han acostumbrado a ella, aunque se disfrace para que no la reconozcan.

También sabemos que las tentaciones de soberbia no son iguales para los superiores y los subordinados. La tentación de los que son importantes está en creer que han logrado su dignidad por sus méritos y que ninguno de sus subordinados puede compararse con ellos. En cambio, los subordinados tienen la tentación de apartar su mirada de sus propios fallos y observar y juzgar las obras de sus superiores, hablando de ellos y hablándolos a ellos con ligereza. En el superior, la soberbia se disfraza de celo y decoro; en el subordinado, de rectitud o libertad.

---

[510] Cf. San Gregorio Magno, *Tratados morales sobre el libro de Job*, cap. 34, 18.

En algunas ocasiones se grita por soberbia, en otras por soberbia se guarda un amargo silencio. El soberbio es disoluto en su alegría, triste y delirante en su melancolía; se muestra decente en apariencia, pero no tiene decencia; es valeroso para ofender y débil para soportar ofensas; es perezoso para obedecer, inoportuno en la provocación y negligente en el cumplimiento de sus deberes. Siempre está listo para meterse donde no debe, no hay forma de que se dedique a ninguna tarea que no le guste y, cuando un trabajo le gusta, finge ser reacio para que otros le fuercen a emprenderlo, contento de que le tengan que hacer violencia precisamente en las cosas que desea hacer, por miedo a que le desprecien si revela su deseo. Todo esto lo enseña San Gregorio.

146. Una vez analizada la soberbia en sí misma, nos queda considerar sus efectos, en particular los ocho vicios más familiares y comunes que produce: ambición, envidia, vanagloria, jactancia, hipocresía, desobediencia y discordia. Examinémoslos con Santo Tomás.

La presunción es un vicio por el que estimamos poder hacer por nosotros mismos cosas que superan nuestras fuerzas, sin pensar en que necesitamos que Dios nos ayude. Peca de presunción el pecador que cree que puede convertirse a Dios cuando quiera y le parezca mejor, como si la conversión fuera una obra únicamente de su libertad, y, aunque vive mal, confía en morir bien. También caen en la presunción el que peca y sigue pecando, porque confía en que siempre será perdonado, o el que cree que, por sí mismo y sin ayuda de la gracia divina, puede vencer las tentaciones, esquivar el pecado y cumplir los mandamientos de Dios, realizar actos sobrenaturales como los de la fe, la esperanza y la caridad, llevar a cabo obras meritorias para la vida eterna o perseverar en el bien y salvarse.

Todo esto supera nuestras fuerzas y creer que podemos hacerlo sin una ayuda particular de Dios y sin encomendarnos a Dios para recibir su ayuda es un pecado de presunción, un pecado grave que nace de esa soberbia por la que consideramos que tenemos una virtud que en realidad no tenemos. *Oh perversísima presunción, ¿de dónde has salido?*, dice la Escritura[511]. San Gregorio, explicando cuál es el pecado que Job llama *la mayor iniquidad de todas*[512], afirma que es la presunción, la cual constituye una injuria contra el autor de la gracia, "con la que el hombre se atribuye a sí mismo las fuerzas para hacer una buena obra"[513].

147. La ambición es un vicio en virtud del cual buscamos los honores con una codicia desordenada. Como dichos honores son un signo de respeto y estima que se deben al mérito de la virtud y a la dignidad y superioridad, y como nosotros no tenemos mérito alguno por nosotros mismos, sino que todo lo hemos recibido de Dios, esos honores no se nos deben a nosotros, sino solo a Dios.

Además, dado que estos honores han sido dispuestos por Dios como un medio para lograr el bien de nuestro prójimo, debemos usarlos siempre con ese fin. Por lo tanto, necesitamos dos cosas para huir de la ambición: en primer lugar, asegurarnos de que nos corresponda debidamente ese honor que pretendemos recibir y, en segundo lugar, asegurarnos de atribuírselo por entero a Dios y de apreciarlo tan solo en cuanto sirva para el bien de los demás. Si falta alguna de las dos cosas, estaremos cometiendo el pecado de ambición.

Por lo tanto, es ambicioso quien procura tener un cargo o dignidad, ya sea en el mundo o en la Iglesia, sin tener la virtud y capacidad necesarias para desempeñarlos o quien compite con

---

[511] Si 37,3.

[512] Job 31,28.

[513] *Qua sibi vires boni operis arrogat* (San Gregorio Magno, *Tratados morales sobre el libro de Job*, lib. 22, cap. 10). Cf. Santo Tomás de Aquino, *Suma Teológica*, II-II, c. 131, art. 1-2 y 4; c. 130; c. 163, art. 4.

otros más dignos e intenta anteponerse a ellos con fraudes y engaños. También lo es quien ambiciona ser estimado, reverenciado y honrado más de lo que merece por su dignidad y pretende ser honrado como caballero cuando es un simple gentilhombre o ser honrado como insigne predicador o literato o insigne en cualquier profesión a pesar de ser mediocre o insignificante.

Asimismo, es ambicioso quien, sin pensar en la gloria de Dios ni en el servicio de su prójimo, desea o intenta conseguir cualquier cargo civil o beneficio eclesiástico únicamente por afán de bienestar temporal, para enriquecerse y encumbrar a su familia o con miras a obtener los honores de ser superior o primado, "por el deseo de mandar y la soberbia de estar por encima", como dice San Agustín[514].

Dado que este vicio es especialmente detestado por Jesucristo, como se muestra en distintos lugares del Evangelio[515], los santos padres consideran que el ambicioso cae en pecado mortal. Incluso para la persona más espiritual es fácil cometer este pecado, como advierte San Ambrosio: "a menudo, la ambición convierte en criminales a aquellos que no se deleitan en ningún vicio ni ceden ante ninguna lujuria ni se dejan engañar por ninguna avaricia"[516].

Lo peor de la ambición es que apenas hay quien sienta algún escrúpulo por ser ambicioso, ya que la conciencia se deforma para aliarse con la pasión y es muy difícil que se recupere de esa deformación[517].

---

[514] *Dominandi cupiditate et principandi superbia* (San Agustín de Hipona, *La ciudad de Dios*, lib. 19, cap. 14).
[515] Cf. Mt 18; Mt 20,23; Mc 8; Lc 9; Lc 12.
[516] *Saepe quos vitia nulla delectant, quos nulla potuit movere luxuria, nulla avaritia subvertere, facit ambitio criminosos* (San Ambrosio de Milán, *Comentario al Evangelio de San Lucas*, lib. 4).
[517] Cf. Santo Tomás de Aquino, *Suma Teológica*, II-II, c. 131, art. 1-2; c. 185.

148. La envidia es la tristeza por el bien ajeno, por considerar que su bien nos hace mal de algún modo, reduciendo nuestra gloria o dañando nuestros intereses. ¿Qué bienes se envidian? Los que otorgan prestigio ante el mundo, como las riquezas, los cargos, la amistad de personas importantes, los conocimientos, las alabanzas, la fama y todo lo que contribuye a agrandar nuestra reputación y los honores que recibimos.

Nace la envidia en nuestro interior cuando, al ver a uno más rico o culto que nosotros, a otro más sabio o virtuoso o a un tercero que tiene mayor capacidad y más talento, nos gustaría verlo privado de ese bien, esa alabanza y ese honor que creemos que más bien nos corresponderían a nosotros.

El pecado consiste en que, en lugar de alegrarnos del bien del prójimo como es nuestra obligación de caridad, nos entristecemos por él y deseamos, con soberbia, tener nosotros ese bien para ser superiores al prójimo. Es un pecado propio del demonio y así lo llama la Escritura: *la envidia del diablo*[518]. Por eso, con toda razón y sabiendo que es fácil pecar gravemente, el Espíritu Santo manda que nos cuidemos de la envidia: *no nos envidiemos unos a otros*[519]. Sin embargo, qué común es este pecado en los hogares y los pueblos, en los ricos y los pobres, en los seglares y los mismos religiosos.

Todo el mal proviene de una conciencia deformada, que considera que la envidia no es algo importante, a pesar de su gravedad, por lo que no la teme ni la evita ni procura corregirse. Enseñaba San Cipriano que "la envidia parece un pecado leve y, mientras uno crea que es leve, no la temerá; mientras no la tema, la despreciará; mientras la desprecie, no la evitará fácilmente y, sin que se dé cuenta, será su ruina"[520].

---

⁵¹⁸ Sb 2,24.
⁵¹⁹ Ga 5,26.
⁵²⁰ *Invidia leve crimen videtur: dumque existimatur leve esse, non timetur; dum non timetur, contemnitur; dum contemnitur, non facile vitatur; et fit*

149. La vanagloria es un deseo desordenado de alabanzas y de recibir gloria por nuestros méritos. Esa gloria se considera vana y pecaminosa en tres casos.

En primer lugar, cuando deseamos ser alabados por una virtud u otro bien, corporal o espiritual, que no tenemos o por un bien frágil y caduco que no es digno de alabanza, como la salud, la belleza y otros dones corporales, las riquezas, el lujo y demás bienes de fortuna.

En segundo lugar, cuando, al buscar alabanzas, valoramos la estima y la aprobación de alguien cuyo juicio no es fiable.

En tercer lugar, cuando no referimos la alabanza ni al honor de Dios ni a la salvación del prójimo. Entonces siempre es pecado contra lo que manda Dios en la sagrada Escritura: *no ambicionemos la vanagloria*[521] y *nada por vanagloria*[522]. Además, puede ser pecado mortal cuando intentamos que nos alaben por un pecado cometido o que pensábamos cometer o por otro mal que ni hemos cometido ni hemos pensado cometer, pero hacemos creer que sí hemos cometido. Asimismo, puede ser pecado mortal hacer el bien puramente por el respeto humano de ser visto y alabado.

Se trata, en suma, de un pecado peligroso, no tanto por su propia gravedad como por sus graves consecuencias, ya que impide que el alma reciba el auxilio de la gracia y la dispone a cometer diversos pecados mortales: "se dice que la vanagloria es un pecado peligroso no tanto por su gravedad, sino porque conlleva una disposición a pecados graves, en cuanto que va disponiendo poco a poco al hombre a la pérdida de todos sus bienes interiores"[523].

---

caeca et occulta pernicies (San Cipriano de Cartago, *Sobre los celos y la envidia*). Cf. Santo Tomás de Aquino, *Suma Teológica*, II-II, c. 34, art. 6; c. 16, art. 1-2; c. 158, art. 11 y 14.
[521] Ga 5,26.
[522] Flp 2,3.

El que sufre de vanagloria está en peligro de perder también la fe, como dice el mismo Cristo: *¿cómo vais a creer vosotros, que aceptáis la gloria unos de otros?*[524]. San Agustín, reflexionando sobre lo poco conocido que es este gran mal, dice que nadie es más sabio que aquel que conoce que este amor de las alabanzas constituye un vicio: "razona más cuerdamente el que sabe que el amor de la alabanza es un vicio"[525].

150. La jactancia es un vicio por el cual una persona desea tanto ser alabada por los demás que se alaba y ensalza a sí misma, exagerando y agrandando las cosas para que parezca que sus méritos son mayores de lo que son. También se conoce como ostentación, petulancia o fanfarronería. San Agustín lo llama "la peste más dañina de todas"[526] y San Ambrosio una red con la que el demonio captura a los más fuertes y espirituales: "el diablo coloca como una trampa la jactancia, con la que también atrapa a los más fuertes"[527]. Es un gran vicio, porque, cuando alguien alardea de lo que no es, está mintiendo a su propia conciencia y a Dios. Como dijo el Señor sobre Moab a través del profeta: *grande es su soberbia y conozco su jactancia, a la cual no corresponde su valor*[528].

Puede ser pecado mortal cuando uno se jacta de algún pecado cometido, se alaba a sí mismo con desprecio de los demás o

---

[523] *Inanis gloria dicitur esse periculosum peccatum non tantum propter gravitatem, sed etiam propter hoc, quod est dispositio ad gravia peccata, in quantum scilicet paullatim disponit ad hoc quod homo privetur interioribus bonis* (Santo Tomás de Aquino, *Suma Teológica*, II-II, c. 132, art. 3).
[524] Jn 5,44.
[525] *Sanius videt qui amorem laudis vitium esse cognoscit* (San Agustín de Hipona, *La ciudad de Dios*, lib. 5, cap. 13). Cf. Santo Tomás de Aquino, *Suma Teológica*, II-II, c. 21, art. 4; c. 105, art. 1; c. 131; c. 178, art. 2.
[526] *Nocentiorem omnibus pestem* (San Agustín de Hipona, *El orden*, lib. 1, cap. 30).
[527] *Diabolus iactantiam praetendit, quae etiam fortes decipit* (San Ambrosio de Milán, *Comentario al Evangelio de San Lucas*, lib. 4).
[528] Jr 48,29-30.

cuando se alaba y se ensalza por el exceso de soberbia que abunda en el corazón. Santo Tomás señala que esto es frecuente y se convierte con facilidad en un mal hábito[529].

151. La hipocresía es un vicio por el que se ofrece externamente una apariencia fingida de virtud y santidad que no se poseen en realidad. Por ello, es hipócrita el que, siendo malvado en su interior, finge hacia el exterior que es bueno.

No hay ningún vicio que más denuncie Jesucristo en el Evangelio que este[530], pues lo condena con ocho ayes, que son ocho maldiciones. San Gregorio señala que los hipócritas, cegados por la soberbia y endurecidos en su malicia, suelen morir sin arrepentimiento ni conversión. Esto quizá se deba, como afirma San Pedro Crisólogo, a que se puede ver que los remedios que se aplican para la corrección de los demás vicios nos hacen bien, pero la hipocresía es una enfermedad tan pestilente que infecta los mismos remedios, de manera que ya no sirven para curar sino para fomentar y reforzar el mal. "Hermanos", dice el santo, "debemos huir de esa pestilencia que convierte los remedios en enfermedades, las medicinas en debilidad y la santidad en pecado"[531].

La hipocresía siempre es un pecado mortal cuando uno finge ser espiritual y santo, mientras que solo se preocupa de parecerlo y no de serlo, prefiriendo el juicio de los hombres al de Dios. Aún es más grave cuando uno finge ser santo para medrar y lograr prestigio que le permita hacer o enseñar maldades o para conseguir un cargo u otro bien temporal.

---

[529] Cf. Santo Tomás de Aquino, *Suma Teológica*, II-II, c. 110, art. 2; c. 112, art. 1; c. 132, art. 5; c. 162, art. 4.
[530] Cf. Mt 6; 7; 15; 21.
[531] *Fratres, haec pestilentia fugienda est quae de remediis creat morbos, conficit de medicina languorem, sanctitatem vertit in crimen* (San Pedro Crisólogo, *Sermones*, 7).

Así pues, peca gravemente de hipocresía quien se hace el escrupuloso en cuestiones accesorias u observancias minúsculas, pero no le importa incumplir los deberes esenciales de la religión y de su estado. El que actúa así ha *abandonado las cosas más esenciales de la ley*, como aquellos escribas y fariseos a quienes Cristo les reprochaba que colaban un mosquito y se tragaban un camello[532]. También peca gravemente quien, en el servicio de Dios, finge tener una recta intención que en realidad no tiene y "no busca complacer a Dios, sino a los hombres, y no desea la conversión de los hombres, sino el favor de la gente"[533].

Los santos padres a menudo designan a la hipocresía con los nombres de perversidad, iniquidad o impiedad y no solo resulta fácil caer en este pecado, sino también habituarse a él, incluso hasta terminar en el ateísmo. No pocas veces se comienza queriendo servir a Dios con santo fervor, pero, cuando el fervor disminuye, se deja de servir a Dios y solo se finge hacerlo por razones ajenas a ese servicio[534]. *¡Ay de vosotros, hipócritas!*[535].

152. La desobediencia es un pecado con el que se incumplen los mandatos del superior con desprecio y puede ser un pecado mortal incluso en cosas poco importantes, porque, como dice San Bernardo, no se considera tanto la naturaleza de la cosa mandada ni la simple transgresión del precepto cuanto la soberbia de la voluntad, que no quiere someterse a quien debe: "no es la simple transgresión de lo mandado, sino la soberbia oposición de la voluntad la que hace que la desobediencia sea un pecado"[536]. La gravedad del pecado se determina teniendo en cuenta tres puntos.

---

[532] Mt 23,23-24.

[533] *Et quaerit non placere Deo, sed hominibus, non conversionem hominum, sed auras favorum* (Santo Tomás de Aquino, *Suma Teológica*, II-II, c. 111, art. 2).

[534] Cf. Santo Tomás de Aquino, *Suma Teológica*, II-II, c. 11.

[535] Mt 23,27.

[536] *Non iussionis simplex ipsa transgressio, sed voluntatis superba contentio*

En primer lugar, la autoridad del superior, ya que cuanto mayor autoridad tiene el que manda, tanto más grave es la desobediencia. Es un pecado mayor desobedecer a Dios que a un hombre, al Papa que a un obispo y al padre y a la madre que a otro pariente. También es un pecado más grave desobedecer con desprecio a la persona que manda que desobedecer solo con desprecio del propio mandato.

En segundo lugar, la importancia de lo mandado, porque cuando más importante es, especialmente si se trata de mandatos relacionados con Dios, mayor es la desobediencia. Es un pecado más grave desobedecer los preceptos del amor a Dios que los preceptos del amor al prójimo.

En tercer lugar, la forma del mandato por la que el superior expresa su intención de ser obedecido. En cualquier caso, es principalmente la soberbia la que agrava la desobediencia, cuando la voluntad no quiere someterse a quien debe según los mandatos divinos[537].

153. La discordia es una discrepancia de la voluntad que no se conforma a otras voluntades en alguna cosa en la que debería acomodarse para la gloria de Dios o el bien del prójimo. Es pecado grave, porque San Pablo incluye las disensiones entre los pecados que excluyen del reino de los cielos a quienes los cometen[538] y Dios ha manifestado que detesta y abomina a los que siembran la discordia entre sus prójimos[539].

La discordia suele ser fruto de la soberbia, por la que cada uno se estima demasiado a sí mismo y antepone su propio bien y su propio parecer a los de los demás, lo que a su vez produce disputas, peleas, obstinaciones, maledicencias, murmuraciones,

---

criminalem facit inobedientiam (San Bernardo de Claraval, *Libro del precepto y la dispensa*, cap. 11).
[537] Cf. Santo Tomás de Aquino, *Suma Teológica*, II-II, c. 69, art. 1; c. 105.
[538] Cf. Ga 5,20.
[539] Cf. Pr 6,16-19.

divisiones, odios, terquedades y muchos otros males sin número y sin fin[540].

Recógete ahora en tu interior y haz un serio examen de conciencia. Una vez que hayas descubierto que te domina la soberbia en lo relativo a muchos de estos puntos, piensa en lo importante que es que la combatas por medio de la humildad, porque, si vences a la soberbia, vencerás también a todo un ejército de otros pecados. Para que tengas ánimos, recuerda siempre que los soberbios lo pasan muy mal ante el tribunal de Dios y que solo los humildes pueden esperar otra cosa. Decir humilde es decir destinado al cielo, a salvarse, y decir soberbio es lo mismo que decir destinado al infierno, a condenarse, porque, como dice San Gregorio, "la soberbia es el signo más patente de condenación, así como la humildad es signo de salvación"[541].

ALABADO SEA JESUCRISTO

---

[540] Cf. Santo Tomás de Aquino, *Suma Teológica*, II-II, c. 37, art. 1-2; c. 38, art. 2; c. 132, art. 5.

[541] *Evidentissimum reproborum signum superbia est; sicut e contra humilitas electorum* (San Gregorio Magno, *Tratados morales sobre el libro de Job*, cap. 34, 23).

INRI

Índice

Oraciones cotidianas que vuelven el mundo del revés

Bruno Moreno Ramos

Quien lea este libro no volverá a rezar del mismo modo. Sus páginas se adentran con admiración en la profundidad de las sencillas oraciones tradicionales, revelando su capacidad para transformar por completo nuestra vida.

Pocos tesoros tiene la Iglesia tan ricos, pero a la vez tan descuidados, como las oraciones de todos los días. Quizá lo que necesitemos no sea buscar oraciones nuevas, más modernas o más exóticas, sino aprender de nuevo, como niños, a rezar las oraciones cotidianas, desde el padrenuestro y el avemaría hasta la señal de la cruz, el gloria al Padre y tantas otras.

Todos las conocemos, pero solemos recitarlas sin pensar, apresurándonos para terminar lo antes posible. La finalidad de este libro es ayudarnos a saborear esas oraciones, despertando el asombro por la belleza y la sabiduría que contienen. A Dios le gusta lo pequeño y ha elegido ese medio tan humilde para volver nuestro mundo del revés.

Tratado de la oración y la meditación

San Pedro de Alcántara y Fray Luis de Granada

Este libro es una verdadera joya: uno de los mejores tratados sobre la oración de la historia de la Iglesia. Condensa la sabiduría y la experiencia en la oración de un santo, San Pedro de Alcántara, y de un verdadero maestro de la vida espiritual, Fray Luis de Granada. Generaciones de cristianos han encontrado en él una guía segura para adentrarse por los caminos de la oración y evitar los errores en los que suelen caer los principiantes.

El tratado está formado por una explicación de lo que es la oración y de sus partes fundamentales, una serie de advertencias y consejos para los que quieran emprender la aventura de la oración personal y catorce meditaciones, una para cada día de la semana durante dos semanas. Esta edición ha hecho lo posible por conservar el precioso castellano del siglo de oro en que fue escrito el libro, haciéndolo accesible a los lectores actuales..

San Atanasio contra el mundo

F.A. Forbes

San Atanasio vivió en tiempos turbulentos para la Iglesia. Arrio y sus seguidores negaban que Jesucristo fuera verdaderamente Dios, intentando hacer el cristianismo menos escandaloso a los ojos del mundo. A pesar de que sus enseñanzas fueron condenadas por el Concilio de Nicea, los arrianos consiguieron extenderse por toda la Iglesia gracias a la ayuda de los emperadores romanos.

Primero como diácono y luego como Patriarca de Alejandría, Atanasio luchó sin descanso para defender la fe de la Iglesia de aquellos que querían deformarla. En lugar de la vida tranquila que habría tenido si se hubiera doblegado ante el poder imperial, sufrió constantes persecuciones y destierros. Durante años, gobernó su diócesis desde la clandestinidad, escribiendo sin cesar contra la herejía, ocultándose entre los monjes del desierto y huyendo de los que lo buscaban para matarlo.

San Atanasio fue inflexible con las falsas doctrinas, pero siempre se mostró compasivo con los fieles que se habían dejado engañar o que habían sucumbido a la persecución. El pueblo de Alejandría le tenía un gran afecto y permaneció leal a su Patriarca en los momentos más difíciles.

LAUS DEO VIRGINIQUE MATRI